W0227103

Bernd Ulrich

WOFÜR DEUTSCHLAND KRIEG FÜHREN DARF. UND MUSS.

Eine Streitschrift

Rowohlt

1. Auflage Oktober 2011
Copyright © 2011 by Rowohlt Verlag GmbH,
Reinbek bei Hamburg
Satz Kepler MM, InDesign,
bei Dörlemann Satz, Lemförde
Druck und Bindung CPI – Clausen & Bosse, Leck
Printed in Germany
ISBN 978 3 498 06890 5

Für Schmidt

INHALT

«Kriegsbücher langweilen mich zu Tode.
Ich verachte den maskulinen Blick. Mich langweilen
ihr Heroismus, ihre Tugend und Ehre.
Ich denke, das Beste, was diese Männer tun können,
ist, nicht mehr von sich selbst zu reden.»

VIRGINIA WOOLF

1. Die Freitagskonferenz oder: Der Offizier und der Ungediente

Der Krieg ist nicht mehr entscheidend für unser Leben. Er hat keine Macht über uns, Gott sei Dank. Doch er scheidet immer noch die Geister, er ist der moralische Ernstfall für Staaten, auch für demokratische. Selbst wer sich sonst für Politik nicht sonderlich interessiert, fühlt sich hier aufgerufen, hinzusehen und sich zu positionieren, irgendwie. Und der Krieg hört nicht auf. Seit dem Ende des Kalten Krieges standen die Deutschen ein halbes Dutzend Mal vor der Frage, ob sie sich an einer größeren Militärintervention beteiligen wollen oder nicht. Und so vorsichtig man heute mit Prognosen sein sollte, so sicher lässt sich doch sagen: So wird es vorerst bleiben. Deutschland wird gefragt sein.

Welche Antworten geben wir? Darüber ist viel Streit entstanden und einige Verwirrung, zuletzt beim Libyen-Krieg, an dem dieses Land nicht teilgenommen hat. Deutschland hatte sich im UN-Sicherheitsrat enthalten, und wir merken: Auch Kriege, die man nicht führt, können einen verändern.

Dieses Buch ist der Versuch, ein wenig Ordnung zu schaffen, eine Bilanz zu ziehen nach zwei Kriegen im Irak, zweien auf dem Balkan, einem in Afghanistan und einem in Nordafrika. Es versucht, zwischen richtigen und falschen Kriegen zu unterscheiden, es möchte Kriterien dafür liefern, wie Deutschland sich in künftigen Entscheidungssituationen verhalten soll. Es ist für all jene geschrieben, die sich den Kopf zerbrechen über die Kriege, die geführt, und über die, die nicht geführt werden. Es richtet sich an diejenigen, die überlegen, wie sie entscheiden würden, wenn sie an der Macht wären, und die unter Umständen ihre Wahlentscheidung davon abhängig machen, wie sich eine Partei in Fragen von Krieg und Frieden verhält.

Krieg ist immer eine Einladung zum Machismo, das gilt schon für die Diskussionen darüber, und es gilt auch für Bücher über den Krieg. Sie geben sich oft allwissend, zweifelsfrei, wie vom Berge geholt: Gedankengänge als Waffengänge. Dabei hängt die Einstellung zum Krieg nicht zuerst von abstrakten Erwägungen ab, sondern von der eigenen Biographie. Darum soll in diesem Buch Erlebtes, Erfahrenes und Erdachtes zusammengebracht und offengelegt werden, wie die eigenen Thesen entstanden sind. Es dokumentiert den Streit nicht nur zwischen politischen Auffassungen, sondern auch zwischen Generationen. Es kommt über die Irrtümer, auch über meine eigenen, nicht über die Gewissheiten, und hier und da wird es unweigerlich persönlich.

Nachrüstung und Nasenbluten

Meine erste Begegnung mit Helmut Schmidt fand im Frühjahr 2003 statt. Sie war ein Desaster – nicht für ihn natürlich, aber für mich. Als künftiger Berliner Büroleiter der ZEIT saß ich in Anzug und Krawatte vor seinem Schreibtisch, um uns die nikotingelben, mit Sachbüchern überfüllten Billy-Regale, zwischen uns ein altmodischer Aschenbecher, in dem von Zeit zu Zeit kreiselnd die Kippen verschwanden. Ein Antrittsbesuch. Schmidt, der seine Gäste meist neugierig ausfragt, konnte mit mir offenbar wenig anfangen. Er wusste wohl, dass ich vor Jahren für die Grünen im Bundestag gearbeitet hatte und dass ich den amtierenden Außenminister seitdem ganz gut kannte, aber nach einem Joschka Fischer pflegte Helmut Schmidt nicht zu fragen. Stattdessen hielt er einen politischen Monolog, beginnend mit der Weltlage, übergehend zu Europa, man ahnte schon, das Ganze würde in der Berliner Landespolitik enden, Schmidt interessiert auch die Stadtpolitik.

Plötzlich, der Altkanzler kritisierte gerade die Führungsschwäche der EU, fing meine Nase an zu bluten. Das Blut schoss geradezu heraus. Zum Glück hatte ich mit Rücksicht auf meinen neuen hanseatischen Arbeitgeber ein weißes Stofftaschentuch eingesteckt; das jedoch war schon vollgesogen, bevor Schmidt die viel zu geringe

Bedeutung des europäischen Parlaments auch nur in Umrissen skizziert hatte. Das Bluten ließ nicht nach, ich dachte: ausgerechnet jetzt, ausgerechnet vor ihm so eine Schwäche, Kriegsdienstverweigerer vor Wehrmachtsoffizier! Die aufsteigende Beklemmung ließ meine Nase noch schlimmer bluten. Schmidt nahm von alldem keine Notiz, referierte, rauchte, referierte, und zwischendurch schlug er mit der flachen Hand auf den Tisch.

Schließlich raunzte er mich an: «Was haben Sie denn da mit Ihrer Nase!», und riss zwei Tücher aus einer Kleenex-Box. Das brachte mir immerhin einen kleinen Zeitgewinn, doch als er ungerührt in die Tiefen der hauptstädtischen Landespolitik vordrang, war ich mit den Nerven herunter. Endlich kam Schmidt zum Schluss, und ich verließ fluchtartig das Büro, stahl mich an seiner Sekretärin vorbei und meinte im Augenwinkel noch ein Grinsen auf dem Gesicht seines Bodyguards zu erkennen.

Nie vorher und nie danach hatte ich solches Nasenbluten, und bis heute weiß ich nicht genau, warum. Wahrscheinlich, weil es gar nicht die erste Begegnung mit ihm war. In meinem Kopf war er schon lange präsent: Ähnlich wie viele andere meines Jahrgangs (1960) bin ich wegen Schmidt überhaupt ein politischer Mensch geworden, genauer gesagt: gegen ihn. Mit achtzehn, neunzehn fand ich ihn autoritär und ignorant gegenüber dem «Umweltschutz», wie die Ökologie zu der Zeit noch genannt wurde. Doch vor allem war er für mich, wie für Millionen andere, der Mann der Nachrüstung, der Kanzler, der es zuließ, dass die Amerikaner neue atomare Mittelstreckenraketen nach Deutschland brachten. Damals schrieb ich ein Flugblatt mit der Überschrift: «Ich heiße Schmidt und mache alles mit!»

Das sollte, was Schmidt angeht, mein erstes großes Missverständnis sein. Schließlich ließ er als Kanzler die Nachrüstung der Amerikaner nicht einfach zu, vielmehr umgekehrt: Es war Schmidt, der Washington erst darauf brachte, Pershing II und Cruise-Missiles auf deutschem Boden zu stationieren. Dabei war Schmidts Motiv nicht etwa Feindschaft gegenüber den Russen, sondern Skepsis gegenüber den Amerikanern. Er glaubte nicht, dass die USA im Falle eines atomaren Angriffs der Sowjetunion auf Europa mit interkontinentalen Raketen zurückschlagen würden; das nämlich hätte bedeutet, dass ein US-Präsident zur Rettung eines fast schon zerstörten Europas den nuklearen Overkill der USA heraufbeschwören muss. In der Logik der atomaren Abschreckung brauchte es daher genügend amerikanische Atomraketen mittlerer Reichweite auf deutschem Boden, damit die USA im Ernstfall sofort mittendrin stehen würden. Aus heutiger Sicht mag das alles unverständlich und so vergangen wirken wie die Punischen Kriege, doch Anfang der achtziger Jahre gehörte solches Spezialwissen zum politischen Grundwortschatz.

Schmidt hat also im atomaren Poker den Einsatz erhöht, damit Deutschland nicht zum Verlierer wird. Ob das richtig oder falsch war, sei dahingestellt. Jedenfalls zeugt es von eminenter Kaltblütigkeit, in einem Wettrüsten mitzuspielen, das im äußersten Fall zur Vernichtung der ganzen Menschheit führen kann. Und es verlangt einigen Mut. Immerhin hat sich Schmidt mit seinem Kurs gegen die Mehrheit seiner Partei, der SPD, gestellt, in der er am Ende ein einsamer Mann war. Nur eine Handvoll Stimmen erhielt der scheidende Kanzler im November 1983 auf dem Kölner Parteitag noch für seine Position. Es gehörte zu der Zeit ohnehin mehr Courage dazu, für die Nachrüstung zu sein als dagegen. Die Mehrheitsmeinung, insbesondere die veröffentlichte Meinung, war pazifistisch gestimmt.

Dennoch konnte sich Schmidts Politik durchsetzen. Und der nukleare Rüstungswettlauf hat nicht zum Atomkrieg geführt, sondern dazu beigetragen, dass die Sowjetunion wenige Jahre später unter dem Druck des ruinösen Wettrüstens zusammengebrochen ist. Dass Helmut Schmidt damals die Rolle des Aufrüsters spielte, hat mir seine wahren Auffassungen zum Thema Krieg und Frieden lange verborgen gehalten; heute weiß ich, dass er ein Beinahe-Pazifist ist, dass die Haltung des rechten Sozialdemokraten zu den Deutschen und zum Militärbündnis NATO denen des vormaligen Linksradikalen Joschka Fischer verblüffend ähnelt, dass er ein Mann ist, der ein Jahrhundert Kriegs- und Lebenserfahrung in sich trägt. Auch von dem, was an seinem Denken Vergangenheit zu werden beginnt und was bleiben wird, handelt dieses Buch.

Fast wie regieren

Unserer ersten leibhaftigen Begegnung folgten bis heute noch einige hundert weitere, die meisten davon in jener Sitzung, die Woche für Woche freitags um zwölf Uhr in einem kleinen Raum im Pressehaus des Hamburger Speersort stattfindet, der Freitagskonferenz des politischen Ressorts der ZEIT. Anwesend sind meist auch der Chefredakteur, seine Stellvertreter, zudem Herausgeber sowie ehemalige Chefredakteure in Mannschaftsstärke.

Diese Freitagsrunde ist nicht nur im Journalismus einzigartig, von ihr sagt Helmut Schmidt, sie sei oft besser als Kabinettssitzungen. Die Diskussionen dienen weniger dem operativen Zeitungsgeschäft als einer politischen Selbstvergewisserung, sind mehr ein Als-ob-Regieren. Wenn von «wir» die Rede ist, bleibt meist unklar, ob es sich um «wir, die ZEIT» handelt, «wir, die Deutschen», «wir, der Westen» oder sogar, wie einmal gesagt wurde, «wir, die NATO». Schmidt ist zudem nicht der Einzige in der Runde, der aus der Politik kommt. Michael Naumann war einmal Kulturstaatsminister, und Theo Sommer, langjähriger Chefredakteur der Zeitung, hat einstmals unter Helmut Schmidt als Leiter des Planungsstabes im Verteidigungsministerium gedient.

Eine Vielfalt drängt sich da jede Woche in dem verrauchten Raum, wie man sie so nicht leicht woanders findet: Manche der Teilnehmer verkehren regelmäßig in internationalen Thinktanks, andere durchqueren auf dem Motorrad den Kongo, die Jüngste ist 27, der Älteste 92 Jahre alt. Mittlerweile weist die Runde auch zahlreiche nicht-deutsche Herkünfte auf, italienische, polnische, vietnamesische, türkische. Politisch gesehen, finden sich hier Linke und Rechte, Liberale und Grüne, kriegspolitisch vertreten sind Interventionisten, Pazifisten und Antiimperialisten. Das natürliche Zentrum aller Debatten über den Krieg bildet dabei Helmut Schmidt. Es macht eben einen immensen Unterschied, ob man das Thema abstrakt diskutiert oder mit jemandem, der weiß, wovon er redet, wenn er vom Krieg spricht.

Die fachlich versierten und rhetorisch scharfen Debatten mit ihren schnellen Wortwechseln führen dazu, dass früher oder später auch lange unausgesprochene Argumente auf den Tisch kommen, die Tabus, die dunklen Punkte. In den letzten Jahren allerdings ist in der zumeist äußerst lebhaften und gewiss nicht von übertriebener Bescheidenheit geprägten Gruppe etwas Neues eingezogen: Schweigen, dann und wann. Nicht, weil man sich nichts mehr zu sagen hätte, das hat man immer, vielmehr, weil an manchen Punkten keiner mehr eine Antwort weiß und keiner mehr so tun will, als hätte er doch eine. Besonders häufig passiert das beim Thema Afghanistan, weil dort ein Krieg schiefzugehen droht, aus dem man sich aus bündnispolitischen Gründen kaum einseitig zurückziehen kann. Das ist der erste Grund, warum dieses Buch entstanden ist: Wovon genau handelt eigentlich unser Schweigen?

Der zweite Grund und letzte Auslöser war eine Diskussion über den Libyen-Einsatz im März 2011, in deren Verlauf sich eine nie da gewesene Koalition gegen die deutsche Teilnahme ergab: Der Antiimperialist war dagegen, weil er argwöhnte, dass es wieder nur um die Öl-Interessen des Westens ginge; der Amerika-Freund war dagegen, weil er fürchtete, dass es gerade nicht um handfeste Interessen des Westens ging, sondern womöglich, kaum auszudenken, bloß um Werte; und der prinzipielle Antiinterventionist sorgte sich um die Reaktion der Moslems in der Region, wenn der Westen nach Afghanistan und Irak in einem weiteren Land des Mittleren Ostens eingreifen würde. Drei gegensätzliche Weltbilder, drei von sehr unterschiedlichen Biographien geprägte Haltungen wenden sich gemeinsam gegen einen Krieg, der vom gesamten westlichen Bündnis (außer Deutschland) getragen wird – mit dieser überraschenden Einigkeit gegen die Einheit des Westens war ganz offenkundig ein Wendepunkt in unseren Kriegsdebatten erreicht. Anscheinend funktionierten die alten geistigen Instrumente nicht mehr.

2. Die Deutschen, der Krieg und die weißen Jahrgänge

Biographie ist kein Argument, schon gar nicht beim Thema Krieg. Eine Redlichkeit ohne das Sprechen über die eigene Biographie gibt es hier aber auch nicht, denn wir alle haben schon ein Gefühl für Krieg und Frieden, lange bevor wir uns mit den Theorien oder mit der Ethik des Krieges beschäftigt haben.

Mein Vater ist 1936 geboren. In den sechziger Jahren zählte man ihn zu den «weißen Jahrgängen», das heißt zu denen, die während des Zweiten Weltkriegs zu jung waren, um eingezogen zu werden, und bei Einführung der Wehrpflicht im Jahre 1956 schon zu alt für den Dienst mit der Waffe. Wenn es Helden unter ihnen gab, dann waren es zivile Helden des Wiederaufbaus. Gleich nach den Trümmerfrauen kamen sie, jung und begierig zu zeigen, dass sie trotzdem Kerle waren. Geschichten von der Front oder auch nur aus der Kaserne wurden bei uns entsprechend selten erzählt.

Meine erste bewusste Begegnung mit dem Krieg fand Mitte der sechziger Jahre in der Vorratskammer meiner

Großmutter statt. Sie war vollgepackt mit Konservendosen von Tengelmann, daneben drängten sich Mehl- und Zuckertüten, alles in einer für Kinderaugen unüberschaubaren Menge. «Oma, warum hast du so viele Dosen?», fragte ich, und sie antwortete mit großer Selbstverständlichkeit: «Falls wieder Krieg kommt …» Sie lebte in Essen-Altenessen, einer Region, die von Zechen und Stahlhütten geprägt war. Von hier wurde der Zweite Weltkrieg mit Kohle befeuert und mit Stahl gerüstet, und hierher kehrte der Krieg dann auch heim, mit Bombennächten und Hungerwintern, die Menschen mussten auf den Schienen nach verlorenen Kohlestücken suchen, auch meine Großmutter.

Mir war diese Nachkriegswelt zunächst zu natürlich, als dass ich mich wirklich über sie gewundert hätte: All die schnell gebauten Häuser der fünfziger Jahre, deren Hässlichkeit mir lange nicht bewusst war, die Kriegsversehrten, die einen im Bus mit ihren Ausweisen vom Sitzplatz wegwedelten und die uns Jungen zu neiden schienen, dass wir noch zwei Arme und zwei Beine hatten. Und dann die Bergleute, die nicht im Krieg gewesen waren, aber unter Tage ihren eigenen Überlebenskampf führten, die Blut in ihre Taschentücher husteten. Zum Nachkriegsalltag gehörten auch die dauernden Straßensperren wegen der Blindgänger, die bei Bauarbeiten gefunden wurden. Auch bei mir zu Hause: Mein Vater arbeitete im Landschaftsbau, und wann immer ein Bagger auf etwas Hartes, Metallisches traf, wurde erst einmal die Arbeit eingestellt. Als Kind schien mir das so etwas wie hitzefrei zu sein, nur gefährlicher. Ich lebte in einer Welt voller Offensichtlichkeiten, die zugleich zugestellt war mit Unaussprechlichem. Später stellte ich dann Fragen, die allerdings wenig erwünscht zu sein schienen. Oma, warum rauchst du so viel, warum trinkst du so viel, warum schlingst du dein Essen so, warum bist du so laut und grob, Oma, warum weinst du? Anders als die 68er-Generation interessierte uns die Frage, was die Älteren im Krieg gemacht hatten, weniger als die, was der Krieg aus ihnen gemacht hatte: oftmals seelisch Versehrte.

Den Großvater väterlicherseits konnte ich gar nichts fragen, er war kurz vor meiner Geburt gestorben. Während des Krieges Chemiker, besorgte er dem Reich Rohstoffe aus aller Welt. Ich lernte ihn über seinen Bücherschrank kennen, ein dunkles Ungetüm mit einer unheilverheißenden Bronzebüste von Julius Cäsar obendrauf, dessen Tür beim Öffnen unangenehm quietschte. Der Geruch alter Bücher versöhnte zunächst, doch was für eine seltsame Auswahl hatte er da hinterlassen: alle Bände von Friedrich Nietzsche, daneben Machiavellis «Fürst», die Erinnerungen von Bismarck, Spenglers «Untergang des Abendlandes» und dann: «Volk ohne Raum» von Hans Grimm. Der Schrank enthielt, alles in allem, eine bildungsbürgerliche Verführung zur Ideologie der Nazis.

Unsere Generation war nicht mehr zu verführen, ihr erschien der Krieg als etwas so rundum Krankes, Absurdes, Schreckliches, dass uns der Pazifismus sozusagen eingeboren war, bevor wir den Ausdruck «Pazifismus» überhaupt kannten. Das mochte auch damit zusammenhängen, dass wir die bessere Hälfte des Zweiten Weltkriegs, den Krieg gegen Hitler, im Alltag kaum mehr vorfanden: Die Befreier hatten sich längst in die Kasernen zurückgezogen. In den USA oder in Großbritannien, wo es gleichfalls Jugendrevolten gegen die Kriegsgeneration gegeben hatte, konnten vom Krieg auch Heldengeschichten erzählt werden, bei uns hingegen gab es nur Scham über diesen Krieg, der noch dazu die Ermordung von sechs Millionen Juden möglich gemacht hatte. Positive Geschichten vom Krieg mochten sich ehemalige Wehrmachtssoldaten erzählen: Wir fürchteten und ekelten uns davor.

Die Bundeswehr, die nun den kommunistischen Feind abschrecken sollte, sahen wir weniger in ihrer politischen Funktion denn als einen Ort überkommener Männlichkeit, gewissermaßen als eine verschärfte Form jenes Schulunterrichts, den uns vom Krieg übrig gebliebene Lehrer angedeihen ließen. Entsprechend häufig verweigerten in den sechziger Jahren Geborene, also jene, die heute die öffentliche Meinung und die Politik dominieren, den Wehrdienst. Mit weitreichenden Folgen. Die Kriegsdienstverweigerungsverhandlung wurde von drei mutmaßlich kriegserfahrenen, uns gegenüber angriffslustig gestimmten Männern durchgeführt. Und wer bis dahin nur ein halber oder lebensweltlicher Pazifist war, der war es danach mit Herz, Seele und Verstand. Im Kern jener absurden Veranstaltung namens Gewissensprüfung steckte nämlich eine große Weisheit: Bestanden hatte nicht derjenige, der die besten Argumente für seinen Pazifismus vorbringen konnte, so wie ich es bei meiner ersten Prüfung versuchte (ich fiel durch), sondern derjenige, der glaubhaft machen konnte, dass er ernstlich mit sich gerungen hatte. Dergestalt züchtete sich die Bundesrepublik ihre echten Pazifisten selber, gleichsam die neuen weißen Jahrgänge.

Mit zunehmendem Alter und wachsender Politisierung (so nannte man das damals, als Politik noch ein Muss war) gerieten wir hinein in den Kampf zwischen unseren beiden Vorgänger-Generationen, den Kriegsteilnehmern und ihren schärfsten Kritikern, den 68ern. Die Frage, ob man über den Krieg und die deutsche Schuld überhaupt öffentlich reden sollte, war in den siebziger Jahren schon zugunsten der 68er entschieden. Nun ging es nur noch darum, auf welche Weise man darüber sprach und über was genau. Die Älteren redeten in der Regel über das, was die Deutschen erlitten, die Jüngeren darüber, was die Deutschen verbrochen hatten.

Die Konfrontation verdeckte die gemeinsame Quintessenz, und die lautete auf beiden Seiten: Nie wieder Krieg! Es ist merkwürdig: Was als bitterste, Familien sprengende und Generationen trennende Kontroverse erschien, enthielt trotz allem einen tiefen Konsens. Der bestand darin, von den Deutschen als einem zugleich gefährlichen und gefährdeten Volk zu denken, das von den demokratischen Eliten in Schach gehalten werden musste; einem Volk, das womöglich in zwei Teilen besser aufgehoben war als in einer Einheit, das in Wohlstand gehalten werden sollte, damit es nicht wütend würde, das nicht wieder in den Krieg ziehen sollte, so wie ein trockener Alkoholiker nicht zur Weinbrandbohne greifen darf, ein Volk, das am besten immer genau das tun sollte, was seine Bündnispartner vormachten, und für das alle Sonderwege Abwege waren. Öffentlich wurde der Elitenkonsens der Bundesrepublik Deutschland so nie formuliert, in geschlossenen Räumen sehr wohl. Auf die Gefahr hin, hier gleich drei Politikern auf einmal zu nahe zu treten: In dieser Einschätzung der Deutschen gab es zwischen Helmut Schmidt, Helmut Kohl und Joschka Fischer keine nennenswerten Unterschiede, und auch meine Generation hätte dem wohl mehrheitlich zugestimmt, wenn sie je danach gefragt worden wäre.

Jedenfalls bis zum 9. November 1989.

Die Deutsche Einheit oder: Hurra, wir sind harmlos

Es wäre angeberisch, heute zu behaupten, man habe schon immer eine gewisse Skepsis gegenüber der These gehabt, die Deutschen seien ein von Schuld für alle Zeit kontaminiertes, ein auf ewig gefährliches, zur Teilung verdammtes Volk. Trotzdem hatten wir, die wir damals,

1983, Mitte zwanzig waren, ein anderes Verhältnis zur dunklen Seite der deutschen Geschichte als die Älteren, die eigentliche Kriegs- und die 68er-Generation. Die einen hatten den Krieg durchlebt, für sie war Schuld eine persönliche Frage; für die 68er war die Schuldfrage eine Waffe gegen die eigenen Eltern; für uns nur eine Abstraktion und, in gewisser Weise, eine Zumutung. Die Politischeren unter uns hatten schon irgendwie verstanden, dass man als Deutscher historische Verantwortung auch ohne persönliche Schuld zu tragen hatte, nur macht man sich heute keine Vorstellung mehr davon, wie absurd das werden konnte, etwa wenn man ins Ausland kam. Anfang der achtziger Jahre unternahm ich allein als Rucksacktourist eine längere Reise nach Indonesien und lernte dort ein gleichaltriges holländisches Paar kennen. Wir verstanden uns sofort gut und reisten zusammen weiter von Insel zu Insel. Von außen sah alles ganz normal aus, so wie es heute unter jungen Deutschen und ihren Nachbarn vielleicht tatsächlich ist. Doch etwas war merkwürdig: Die beiden sprachen besser Deutsch als ich Englisch, dennoch weigerten sie sich, mit mir Deutsch zu sprechen, und bestanden auf der neutralen Drittsprache, wie sie sagten: aus historischen Gründen. Ich wollte erwidern, dass ich fünfzehn Jahre nach dem Krieg geboren war, dass auch meine Eltern durchaus zu jung gewesen waren, um Deiche zu bombardieren, dass ich außerdem gegen Neonazis ... Ich schluckte alles runter und sagte nur: «Okay.» Da standen nun also drei junge Europäer vierzig Jahre nach dem Krieg auf den Hügeln der indonesischen Insel Lombok, 10 000 Kilometer von Deutschland entfernt, und verhandelten die Schuldfrage.

Solche Erfahrungen machten viele von uns, und sie mögen dazu beigetragen haben, dass wir die These von der unvergänglichen Gefährlichkeit der Deutschen für zumindest widerlegbar hielten, ihre Widerlegung, um genau zu sein, aber dringend wünschten. Als dann die Geschichte mit dem Fall der Mauer den großen Deutschland-Test veranstaltete, waren wir sehr gespannt (und recht optimistisch). Wäre mit der Einheit die kritische Masse an Deutschen wieder erreicht, würde das Land mit seiner erneuerten Macht neuen Schaden anrichten – oder wäre Gesamtdeutschland am Ende so, wie wir selbst zu sein glaubten: durchdemokratisiert, friedlich, verantwortlich?

Viele, gerade unter den linken Eliten, standen dem Experiment der Deutschen Einheit mit tiefer Skepsis gegenüber. Der Schriftsteller Günter Grass bezeichnete die Teilung des Landes als eine «Strafe für Auschwitz», Joschka Fischer äußerte sich ähnlich. Moralisch war diese Auffassung natürlich unhaltbar, bedeutete die «Strafe» der Teilung für die Ostdeutschen doch lebenslange Unfreiheit, für die Westdeutschen hingegen: fast nichts. Allerdings war mit der These noch etwas anderes, etwas Unausgesprochenes gemeint: Die Teilung sollte nicht nur Strafe sein, sie diente auch als Prävention gegen zu viel Deutschland – eine Ansicht, die im befreundeten europäischen Ausland durchaus geteilt wurde.

Helmut Kohl konnte, davon darf man ausgehen, die Skepsis gegenüber den Deutschen und ihrer neuen Einheit durchaus verstehen. Dennoch hat er anders gehandelt. Er wollte es, weil die Einheit in seiner Partei offiziell immer als Fernziel gegolten hatte. Und er musste es, weil die Ostdeutschen rasch spürten, dass nur die Einheit ihnen Freiheit und Wohlstand garantieren würde.

Die friedliche Revolution in Ostdeutschland und die Jahre der Einheit haben, ob es einem nun gefällt oder nicht, bewiesen, dass die Deutschen eben doch nicht mehr gefährlich sind, dass sie ihre eigene Wiedervereinigung verkraften können. Aber was soll dann aus der These werden, dass sie sich nie wieder militärisch betätigen dürfen, um sich nicht erneut mit ihrem eigenen Militarismus zu infizieren?

Doch wieder! Der erste Nach-Krieg

Eine erste Antwort auf diese Frage ließ nicht lange auf sich warten. Noch bevor die staatliche Einheit vollzogen war, marschierte Saddam Hussein in das kleine Nachbarland des Irak, in Kuwait, ein. So zog der Westen zu Beginn des Jahres 1991, vier Monate nach Vollzug der Deutschen Einheit, in seinen ersten Irak-Krieg. Dass die Deutschen von einer Diskussion über eine Kriegsteilnahme überfordert wären, das konnte Kanzler Kohl den Alliierten plausibel machen. Zum Ausgleich bot er eine finanzielle

Beteiligung an, einen Ablass, wenn man so will. Die einen bluten, die anderen zahlen – so konnte es natürlich nicht für alle Zeit weitergehen. In jenem Jahr 1991 hat die Geschichte den Deutschen wohl zum letzten Mal Dispens erteilt.

Offenkundig würde die doppelte Versicherung der Deutschen gegen sich selbst nicht mehr halten: zum einen geteilt zu sein und zum anderen die Bundeswehr ausschließlich zur Verteidigung des NATO-Territoriums einzusetzen. Die deutsche Zurückhaltung ließ sich in der internationalen Debatte schlicht nicht mehr begründen. Die Logik, wir wollen heute nicht sterben, weil wir einst so viel getötet haben, funktionierte nur mehr innerhalb Deutschlands; die einstige deutsche Paria-Rolle konnte nicht zu einem dauerhaften Privileg erhoben werden. Viele spürten das, noch mehr allerdings wollten damals noch nichts daran ändern.

In dem knappen Jahrzehnt zwischen dem Loskauf vom ersten Irak-Krieg und der aktiven Teilnahme im Kosovo durchlebte die deutsche Politik eine Phase größter Verunsicherung und Verwirrung. Bezeichnend dafür war eine Äußerung von Helmut Kohl. Mit Blick auf Bosnien, wo die Völkergemeinschaft durch das serbische Massaker von Srebrenica herausgefordert war, verkündete der Bundeskanzler, nie wieder würden deutsche Stiefel da marschieren, wo sie im Zweiten Weltkrieg schon einmal waren. Eine merkwürdige Formulierung, die in ihrem gleichsam magischen Denken einer Äußerung von Franz

Josef Strauß aus dem Jahr 1949 ähnelt: «Wer noch einmal ein Gewehr in die Hand nehmen will, dem soll die Hand abfallen.» Natürlich geschah das nicht, und natürlich marschierten irgendwann auch wieder deutsche Stiefel, wo sie schon einmal marschiert waren. Allerdings waren es die Stiefel eines demokratischen und friedlichen Landes.

Der damalige Außenminister Klaus Kinkel war weniger Historiker als Jurist. Folglich versuchte er, den neuen Widersprüchen auf dem Rechtsweg beizukommen, und ließ vor dem Bundesverfassungsgericht in Karlsruhe eine Entscheidung juristisch prüfen, die er selbst gefällt hatte – die Entsendung von Aufklärungsflugzeugen des Typs AWACS in den Himmel über Bosnien. Was für eine seltsame Hoffnung, das Grundgesetz von 1949 möge klären, was Mitte der neunziger Jahre zur Entscheidung anstand: deutsche Beiträge zu internationalen Einsätzen! Vernünftigerweise wies Karlsruhe die Klage des Außenministers gegen sich selbst zurück. Es stimmte zwar, dass im Grundgesetz Bundeswehreinsätze nicht vorgesehen waren, die anderen zu Verteidigungszwecken dienten: einfach weil sich die Väter und Mütter des Grundgesetzes so etwas nicht hatten vorstellen können. Doch durfte die Regierung nicht erwarten, dadurch für alle Zukunft von der Frage nach Krieg oder Frieden befreit zu sein. Nein, in der neuen historischen Lage halfen weder magisches Denken noch juristische Winkelzüge, diese Vergangenheit war vorbei.

Der Ernstfall für die deutsche Rolle in der Ära nach dem Kalten Krieg ließ nicht allzu lange auf sich warten, es war der drohende Kosovo-Krieg Ende der neunziger Jahre. Der Zufall wollte es, dass ausgerechnet damals, im Herbst 1998, Gerhard Schröder und Joschka Fischer an die Macht gekommen waren. Die historisch unausweichliche Diskussion über die erste deutsche Kriegsteilnahme seit Hitler musste von der in dieser Hinsicht sensibelsten Partei, von den Grünen, ausgetragen werden. Vielleicht war das ein Segen: Denn die Grünen waren so pazifistisch eingestellt wie, so muss man vermuten, die Mehrheit der Deutschen im Herzen auch. Moralisch gründlicher als die unglaublich deutschen Grünen hätte die Diskussion wohl auch niemand führen können.

Für die Grünen stand in dieser existenziellen Frage die eigene politische Existenz auf dem Spiel. Eine Weigerung der eben erst in die Regierung eingetretenen Ökopaxe, sich an der Intervention zu beteiligen, hätte sie unverzüglich aus der rot-grünen Koalition befördert, einen Scherbenhaufen hinterlassen und zu einer Großen Koalition geführt. Und die Partei, ohnehin traditionell gespalten in Fundamentalisten und Realpolitiker, hätte diese Kraftprobe wahrscheinlich zerrissen. Für Joschka Fischer, den heimlichen Vorsitzenden und ersten Außenminister der Grünen, ging es mithin um seine ganze Karriere.

Unter dem Druck der Situation musste er gewissermaßen die eigene geschichtliche Genetik freilegen. Bis zu den Balkan-Kriegen dachte Fischer, wie gesagt, über die Deutschen und den Krieg nicht anders als Helmut Schmidt; für beide gab es einen gerechten Krieg, den gegen Adolf Hitlers Deutschland, und beide hegten schwerste Bedenken gegen Kriegsbeteiligungen, die weder im Interesse der Deutschen noch in ihrem moralischen und militärischen Vermögen lagen. Interessanterweise war es ein in Frankreich politisierter Jude, der Fischer von seinem pauschalen Nein zu allen Gegenwartskriegen abbrachte: Dany Cohn-Bendit war ein alter Wegbegleiter von ihm und in den militanten Frankfurter Jahren auch sein politischer Bewährungshelfer, ohne den der zur Radikalität neigende Fischer womöglich ganz woanders als bei den Grünen gelandet wäre. Cohn-Bendit stand und steht der antitotalitären und menschenrechtsorientierten Tradition der französischen Intellektuellen nahe mit ihrem ausgeprägten Hang zu militärischen Interventionen. Und welche Gefahren damit auch immer verbunden sein mögen: Wer nicht von historischen Tabus umstellt ist, braucht nicht wegzusehen, wenn, wie auf dem Balkan, Menschenrechte verletzt werden. Dany Cohn-Bendit setzte seine politische Karriere aufs Spiel, um die Grünen schon beim Bosnien-Krieg von ihrem prinzipiellen Nein zu Interventionen wegzubewegen. Mehrheiten gewann er auf Parteitagen damit nicht, aber im Angesicht seiner argumentativen Wucht und Wut ließen sich die Dinge nicht mehr durch Schweigen erledigen. Fischer zögerte indes lange, bis er seinem Freund folgte.

Anfang 1999 schließlich musste der neue Außenminister handeln, musste sich selbst und seine Partei davon überzeugen, dass Krieg unter bestimmten Umständen moralisch geboten sein kann. Auf dem tumultuösen Bielefelder Parteitag griff er zum Äußersten: «Wir haben immer gesagt: Nie wieder Krieg. Wir haben aber auch gesagt: Nie wieder Auschwitz.» Das kam dem Versuch gleich, den Teufel mit dem Beelzebub auszutreiben, die eine große Lehre aus der Geschichte mit der anderen großen Lehre zu entkräften. Damit war die Einheit von Antimilitarismus und Antifaschismus zerbrochen, jedenfalls auf dem überfüllten grünen Parteitag in Bielefeld, zumindest im Kopf von Joschka Fischer. Denn tatsächlich hatte das, was der serbische Präsident Slobodan Milošević mit seinen brutalen Säuberungen und Massakern im Kosovo anrichten ließ, mit Auschwitz wenig gemein. Wenn eine militärische Intervention damals legitim war, dann gewiss nicht, weil Milošević irgendwelche Ähnlichkeiten mit Hitler aufgewiesen hätte. Für Helmut Schmidt war die Intervention übrigens nicht gerechtfertigt, fehlte den westlichen Staaten doch wegen des russischen Vetos im Sicherheitsrat die Zustimmung der UN. Folglich verstieß der Luftkrieg gegen Serbien gegen das Völkerrecht, und das war der Gesichtspunkt, der für Schmidts Haltung in dieser Frage maßgeblich war. Und doch: Hier, erst hier, trennten sich die geistigen Wege von Fischer und Schmidt.

Zugleich schälte sich mit Fischers Auschwitz-Argument erstmals eine deutsche Eigenheit der post-pazifistischen Phase heraus: Die Deutschen brauchen mitunter sehr große Begründungen für sehr kleine militärische Beiträge. Im Fall des Kosovo-Krieges bestand dieser Beitrag in nicht mehr als ein paar Tornados, und erst nachher, beim Wiederaufbau und der Durchsetzung einer neuen Ordnung auf dem Balkan, leisteten die Deutschen Überdurchschnittliches.

Mit jener ersten deutschen Kriegsbeteiligung wurden aber auch Argumentationslinien zu neuem Leben erweckt, die bis dahin eher akademischer Natur gewesen waren, weil alle wichtigen Kriege – vom Korea-Krieg über den in Vietnam bis hin zum ersten Irak-Krieg des Westens – ohne uns stattgefunden hatten. Auf die Deutschen kam es nie an, also auch nicht auf ihre Debatten. Im Raum der bloßen Meinung konnte sich deshalb lange eine gewisse deutsche Neigung zum Moralweltmeistertum austoben, die bis heute nicht ganz verschwunden ist.

3. Drei Arten, den Krieg zu sehen

Als ich im Jahr 2003, der zweite Irak-Krieg war noch in vollem Gange, zur ZEIT kam, war die Freitagskonferenz hochpolitisiert und polarisiert. Die beiden damaligen Chefredakteure Michael Naumann und Josef Joffe repräsentierten die Pole, dieser für, jener gegen den Irak-Krieg. Doch wäre die Freitagskonferenz nicht die Freitagskonferenz, wenn sie sich mit der Diskussion über einen einzelnen Krieg zufriedengeben würde; es geht meist um alle und alles und immer um das Prinzipielle.

Für einen zufälligen Besucher muss das Spektakel wie ein wildes Durcheinander ausgesehen haben, auf die Dauer hingegen zeigte sich eine interessante Struktur. In der drangvollen Enge des Raumes, unter dem rhetorischen Druck, unter den sich die Teilnehmer gegenseitig setzen, haben sich im Laufe der Jahre Argumentationsmuster herauskristallisiert, wurden nach und nach auch die sonst unausgesprochenen Teile der jeweiligen Weltbilder offengelegt. Ich will sie kurz beschreiben, auch wenn die folgenden Skizzen selbstverständlich nur idealtypisch zu verstehen sind und keine einzelne Person sie sich ganz zu eigen machen würde.

Linke Kriegskritik oder: Das Imperium küsst zurück

Jedem jungen Menschen der westlichen Hemisphäre, der ein politisches oder christliches Gewissen hat, springt irgendwann die tiefe Ungerechtigkeit zwischen der Ersten und weiten Teilen der sogenannten Dritten Welt ins Auge. Er fragt sich, wie kann es sein, dass wir so unsagbar reich sind und Milliarden andere so furchtbar arm, wie kann es sein, dass ich so wohl lebe und andernorts täglich Tausende von Kindern verhungern. Darauf gibt es viele Antworten; eine, die auch immer ihr Wahres hat, heißt: Imperialismus. Die Welt ist demnach so, weil wir, der Westen, mächtig genug sind, sie so zu machen.

Die antiimperialistische Position hat zunächst eine ungeheure Evidenz auf ihrer Seite. Jahrhundertelang hat der Norden den Süden ausgebeutet, Kreuzzüge, Conquista, Kolonialismus, warum sollte das jemals aufgehört haben? Jedenfalls war es noch lange nicht vorbei, als die mächtigen europäischen Staaten von Monarchien zu Demokratien wurden, auch nicht, als die USA, lange Zeit die größte Demokratie der Erde, zur Supermacht aufstiegen. Die Ost-West-Konfrontation bot genügend Anlass, verbrecherische Regime in Lateinamerika, Asien und Afrika zu stützen; mit ihnen zusammen ließen sich die betreffenden Länder und ihre Bewohner leichterhand ausbeuten, und oftmals wurde auch Militär entsandt. Die Belange der Völker waren zweit- oder drittrangig. Wenn den westlichen Mächten ein Herrscher nicht passte, und sei es ein demokratisch gewählter, so wurde er mit allen zur Verfügung stehenden Mitteln, von Bestechung bis zu Interventionen, beseitigt. Warum hätte das mit dem Ende des Ost-West-Konflikts aufhören sollen? Es hat nicht aufgehört. Warum aber sollten dann die heutigen Kriege einem anderen Zweck dienen als eh und je, nämlich der Ausdehnung der Ausbeutungszone? Darum sagt der Antiimperialismus in aller Kürze: Gegen jeden Krieg des Westens!

Aber die Stärke der antiimperialistischen Position ist auch ihre Schwäche: Sie kann kaum irren. Denn fast immer, wenn der Westen sich militärisch engagiert, spielt auch Eigeninteresse eine Rolle. Und aus Sicht dieser linken Kritikerposition ist jede Handlung, die in ihren Motiven und Zielen nicht widerspruchsfrei ist, sogleich falsch und moralisch desavouiert. Da nun aber kaum je im menschlichen Leben, noch weniger in der Politik, am wenigsten in Kriegen, nur ein einzelnes Motiv am Werk ist, ist jede militärische Intervention des mächtigen Westens von vornherein verdorben. Und also rief die antiimperialistische Linke beim ersten Krieg gegen den Irak: «Kein Blut für Öl!» Sie konnte damit sogar einige Breitenwirkung erzielen, weil auch in der weniger ideologisch eingestellten Bevölkerung und bei vielen politischen Medien die Auffassung vorherrschte, dass bei den verschiedenen mitspielenden Motiven stets das niedrigste den Ausschlag gibt. Tatsächlich war jener Krieg gegen den Irak zumindest auch ein glasklarer Einsatz zum Schutz des Völkerrechts, das es verbietet, die Existenz von Staaten militärisch zu vernichten. Hinzu kam: Der UN-Sicherheitsrat hatte der Aktion in seiner Resolution 678 zugestimmt. Doch so etwas ficht den Antiimperialisten nicht an.

Es sei denn, die Zustimmung des UN-Sicherheitsrates fehlt, wie das im Kosovo-Krieg der Fall war. Hier hatte der linke Ansatz ein echtes Problem, weil sich ausnahmsweise nicht nachweisen ließ, worin das wirtschaftliche oder machtstrategische Interesse des Westens denn überhaupt bestehen könnte; kein Öl weit und breit. Zudem sind die reichen Industrienationen jahrzehntelang gut ohne den Balkan ausgekommen, warum sollten sie nun seinetwegen in den Krieg ziehen – es sei denn, um Menschen in Not zu helfen? Eben dieses argumentativen Engpasses wegen zog man sich auf einen völkerrechtlichen Purismus zurück und, was bei den kommenden Kriegen eine immer größere Rolle spielen sollte, auf eine Fehlerlese des Westens. Und da wird man natürlich bei jedem Krieg fündig.

Der Afghanistan-Krieg 2001 brachte die antiimperialistische Denkart in wieder neue Schwierigkeiten, weil der Westen durch die Anschläge vom 11. September erstmals angegriffen worden war. Man wagt es kaum auszusprechen, aber: Der Westen war das Opfer. Er wehrte sich bloß, obendrein erneut mit Zustimmung der UN. Und Öl gab es schon wieder keines. Doch als ob Amerika, der große Imperialist, die Not seiner Gegner erkannt hätte, schickte er ihnen einen zweiten Krieg, einen neuen Feldzug gegen Saddam Hussein, hinterher, abermals im Namen des Anti-Terrorkampfes; diesmal freilich versuchte die US-Regierung, den Sicherheitsrat mit gefälschten Beweisen hinters Licht zu führen, und erhielt trotzdem nicht dessen Zustimmung, und diesmal war tatsächlich auch Öl im Spiel. So hat George W. Bush unwillentlich die Antiimperialismus-These gerettet.

Mittlerweile ist der deutschen Linken jedoch noch etwas anderes passiert. Konnte sie bei allen Kriegen seit 1990 einige Glaubwürdigkeit und Würde daraus ziehen, dass sie die Regierungen regelmäßig gegen sich hatte, die linke wie die rechte, so sieht sie sich seit dem zweiten Irak-Krieg unversehens ihres oppositionellen Standpunkts beraubt. Auch beim gemeinsamen Nein mit der rechten, der schwarz-gelben Koalition zur Intervention in Libyen. Oder ist es umgekehrt: Haben die Regierungen die Vorzüge des linken Antiinterventionismus entdeckt? Oder liegt es mittlerweile sogar im deutschen Macht- und Wirtschaftsinteresse, die Finger von Kriegen zu lassen? Aber wären das dann noch imperiale Kriege?

Wer für uns ist, ist gegen uns –
die betreute Demokratie

Während der linke Antiimperialismus auf diese Weise, von einer eindeutigen Haltung ausgehend, immer mehr in verwirrende Widersprüche gerät, ist es bei jener urdeutschen, tief in der deutschen Geschichte wurzelnden Position genau umgekehrt. Sie hat ihren Ursprung in einer bewussten und sehr erwachsenen Dialektik und entwickelt sich erst neuerdings zu ungewollter Eindeutigkeit.

Der Geburtstag dieser deutschen Dialektik ist exakt überliefert: Es ist der 23. Mai 1949, der Tag, an dem die Bundesrepublik Deutschland gegründet wurde. Da begann der Versuch, eine Demokratie mit einem erwiesenermaßen undemokratischen Volk zu formen, ein friedliches Land aus einer soeben noch kriegerischen Nation. Möglich und verantwortbar war das Experiment nur, wenn die entstehende Demokratie von den westlichen Besatzungsmächten betreut und beaufsichtigt würde, wenn der neue deutsche Staat militärisch eingebunden und damit festgebunden wäre, und: wenn man den Deutschen all das nicht zu sehr unter die Nase reiben würde. Denn aus einer Als-ob-Demokratie mit Als-ob-Souveränität kann nur etwas Rechtes werden, wenn das Staatsvolk sich selbst ernst nimmt und Schritt für Schritt, Jahrzehnt für Jahrzehnt aus dem Als-ob eine manifeste Wirklichkeit werden lässt.

Die führenden Politiker stellte diese paradoxe Aufgabe – die betreute Demokratie – vor enorme Herausforderungen, mussten sie doch den Deutschen Selbstvertrauen einflößen, ohne ihnen je ganz zu vertrauen. Zugleich hatten sie im Einvernehmen mit den Amerikanern zu agieren und dennoch neue Freiräume für die Deutschen zu schaffen, also mit den USA und gegen sie. Sie hatten wahrscheinlich sogar einiges Verständnis für die Amerika-Skepsis der Antiimperialisten, durften das jedoch um keinen Preis zu erkennen geben, sondern mussten mit eiserner Disziplin so gut wie alles unterstützen, was die Führungsmacht des Westens vorgab. Mit einer Formel gesprochen, lautete das Credo der deutschen Realpolitik à la Schmidt und Kohl: Gegen alle Kriege, auch gegen amerikanische, doch am Ende für das Bündnis!

Bezogen auf die Fragen von Krieg und Frieden bedeutete das, dass man die Deutschen vor sich selbst und die anderen vor den Deutschen zu schützen hatte. Das ging so lange recht gut, wie der in dieser Maxime liegende Widerspruch gewissermaßen eingefroren blieb. Da die Deutschen nicht bekämpft wurden, mussten sie auch nicht kämpfen, da sie nicht kämpften, wurden sie auch niemandem gefährlich. Diese kalte Bequemlichkeit endete mit dem Fall der Mauer. Von da an kam Leben in die Widersprüche. Wer als verantwortlicher deutscher Politiker fortan die Deutschen aus den neu aufkommenden Kriegen heraushalten wollte, der konnte das auf keinen Fall mit anti-amerikanischen Argumenten tun, weil das für einen führenden deutschen Politiker traditionell unmöglich war. Aber auch nicht allzu offen mit anti-deutschen, weil ein demokratisch gewählter Politiker sein Wahlvolk so nicht ansprechen kann. In dieser Lage blieben als einziger Ausweg das Völkerrecht und die zwiespältige Hoffnung darauf, dass Russen oder Chinesen die in Frage stehenden, eine deutsche Beteiligung fordernden Kriege mit einem Veto im Sicherheitsrat delegitimieren würden.

Als noch dramatischer für die deutsche Realpolitik erwies sich etwas anderes: Mit jedem Krieg, an dem die Deutschen nach 1989 teilnahmen, zeigte sich deutlicher, dass niemand die Welt noch vor unserem Militarismus schützen musste, dass die Gefahr eines deutschen Abenteurertums schlicht nicht mehr bestand. Wenn es ein Problem mit den neuen Deutschen im Krieg gab oder gibt, liegt es nicht in ihrer Aggressivität, sondern in ihrer militärisch zuweilen bedenklichen Halbheit, nicht ihre schlechte Gesinnung, sondern höchstens ihre schlechte Ausstattung ist das Problem. Das allerdings greift die Würde dieser Haltung selbst an. Die Deutschen vor sich und zugleich die anderen vor den Deutschen zu schützen, daraus wurde und wird nun unweigerlich: die Deutschen schützen, indem man die anderen sich selbst überlässt. Übrig bleibt ein nationaler Egoismus, ein neuer Nationalpazifismus.

Und was sagt diese Denkrichtung, wenn, wie im Falle Libyens, ein völkerrechtlich grosso modo gut legitimierter Krieg von allen wichtigen Alliierten geführt wird – nur ohne die Deutschen? Wenn also aus Raushalten Draußensein wird?

Von Amerika lernen, heißt siegen lernen

Was, wenn man ein fundamental kritisches Verhältnis zu den Deutschen hat? Was, wenn man sich nicht darauf verlassen mag, dass dieses Land und seine Leute sich tief greifend geändert haben? Was, wenn man denkt, dass einzig und allein die USA in der Welt Ordnung schaffen und nur sie die Geltung des Westens wirksam behaupten können? Dann verteidigt man in Deutschland so ziemlich alles, was die Amerikaner tun, dann ist ein Krieg schon dadurch legitimiert, dass die Amerikaner ihn führen, und alle zusätzlichen Argumente sind willkommen, aber nicht zwingend notwendig. Wiederum formelhaft: Für amerikanische Kriege! Gegen alle deutschen Vorbehalte!

Eine entschieden pro-amerikanische Position in Deutschland zu vertreten, das verschafft einem vielleicht Respekt, aber nicht allzu viele Freunde, weswegen sich diese Haltung für Politiker eher schlecht eignet. Unter Journalisten und Wissenschaftlern wird sie hingegen öfter eingenommen, einerseits, weil amerikanische Argumente hierzulande traditionell besonderes Gehör finden, dann aber auch, weil so ein Denken intellektuell von großem Reiz ist. Denn natürlich wissen die Pro-Amerikaner nur zu gut, dass es unter führenden deutschen Politikern erhebliche Vorbehalte gegen die Besatzungs-, Erziehungs- und Führungsmacht USA gibt. Sie wissen aber auch, dass die Politiker vorsichtig sind mit allzu scharfen Äußerungen in diese Richtung. Genauso kennen die größten Freunde Amerikas die Vorbehalte der Deutschen gegen sich selbst und teilen sie.

Dem ordentlichen Linken wiederum begegnet der Pro-Amerikaner mit einem Respekt, der dem Antiimperialisten vom Imperialisten einfach gebührt. Und wenn es ihm mit der linken deutschen Amerikakritik einmal zu viel wird, dann lässt sich, falls es nötig sein sollte, eine ideologische Verbindung vom Anti-amerikanismus zum Antisemitismus ziehen, woraufhin der deutsche Linke in aller Regel seine Lautstärke runterpegelt.

All ihre intime Kenntnis über Unausgesprochenes und Unaussprechliches gibt den Pro-Amerikanern zuweilen die Freiheit, mit ihren Gegnern zu spielen, sie zu provozieren. Schon deswegen sind sie ein Segen und eine Erfrischung in der ansonsten von heiligem deutschem Ernst und von der Beflissenheit des gelehrigen Schülers geprägten außenpolitischen Debatte. Oft ist es auch ein intellektueller Genuss, wenn knarziger Bellizismus hochfahrendem deutschem Moralismus entgegentritt, der

46

sich auch deswegen so schlau fühlt, weil er so wenig erlebt hat.

Der tiefere intellektuelle Reiz dieser auf den ersten Blick kaltschnäuzig realpolitischen Position liegt jedoch in ihrer speziellen Ethik. Kriege, die nur aus idealistischen Gründen geführt werden, sind dem amerikafreundlichen Realpolitiker im Grunde suspekt, und allenfalls gegenüber dem deutschen Publikum vertritt er die Auffassung, sämtliche anstehenden amerikanischen Kriege seien allein von hehren Motiven getrieben. Er meint aber etwas anderes: Kriege ohne handfeste realpolitische, ja egoistische Motive sind wahrhaft bedrohlich, weil ohne konkretes Ziel und absehbares Ende, und daher abzulehnen. Um es mit einer Formulierung des alten Kriegsdenkers Clausewitz zu sagen: «In so gefährlichen Dingen, wie der Krieg eines ist, sind die Irrtümer, welche aus Gutmütigkeit entstehen, gerade die schlimmsten.» Man sollte über einen solchen Satz nicht zu schnell urteilen. Vielleicht zeugt es ja von einer gewissen Menschenkenntnis, die Abgründe des allzu Guten stets vor Augen zu haben. Vielleicht ist der Egoismus tatsächlich weniger grenzenlos als der Idealismus, weil der Egoist aufhört, wenn er hat, was er will, der Idealist aber erst, wenn seine Ideale verwirklicht oder eben ins Gegenteil verkehrt sind. Kurz gesagt: Vielleicht kosten Kriege um Öl weniger Blut als Kriege um Werte.

Leicht zu vertreten ist eine solche Denkweise in Deutschland gewiss nicht. Doch will der Pro-Amerikanismus die Mehrheit ohnehin nicht überzeugen; es genügt ihm, sie zu irritieren, die Deutschen aus ihrem gewohnten Konzept zu bringen, sie dann und wann aus dem Gehege ihrer Korrektheiten zu jagen. Wenn diese Position in letzter Zeit schwächer geworden ist, dann nicht, weil der Irak-Krieg von den USA zu schlecht begründet war und so verheerend verlief: Darüber kann der deutsche Amerika-Freund wortlos zur Tagesordnung, also zum nächsten Krieg übergehen. Nein, die Verunsicherung kommt von innen, aus der eigenen Logik. Der relative Niedergang der USA als Supermacht, ihre ökonomische und damit auch beginnende militärische Schwächung führt neuerdings dazu, dass die Amerikaner machtpolitisch keine gute Figur mehr machen, und, was hier noch schlimmer sein mag: Sie führen Kriege – wie etwa in Libyen – womöglich wirklich aus altruistischen, um nicht zu sagen idealistischen Motiven, Mädchenkriege sozusagen, obendrein noch mit unendlich viel Bündnispalaver. So kam es zu der eingangs geschilderten, paradox anmutenden Situation, dass der Antiimperialist die Libyen-Intervention abgelehnt hat, weil er den Amerikanern Machtinteressen unterstellte, und der Pro-Amerikaner dagegen war, weil er fürchtete, es wären nicht genug Machtinteressen im Spiel.

Selbstverständlich gibt es noch andere geistige Schattierungen als die hier genannten. Der amerikanische Idealismus beispielsweise, der humanitäre Interventionen befürwortet, hat in Deutschland gleichfalls seine Anhänger, und auch der strenge Pazifismus wird, zumal in kirchlichen Kreisen, weiterhin vertreten. Beide werden später noch eine Rolle spielen.

Ein bisschen viel Frieden

Die drei in der Freitagskonferenz am häufigsten und ausdrücklichsten vertretenen Positionen haben natürlich alle ihre moralische und intellektuelle Berechtigung; alle sind aber zugleich in der Krise, vielleicht sogar dabei, sich zu überleben. Auch meine eigene Versuch-und-Irrtums-Geschichte der letzten Jahre steht vor einem Neuanfang.

Aus dem gefühlten Pazifismus meiner Kindheit und dem erzwungenen aus der Gewissensprüfung wurde zunächst, an der linken Uni in Marburg, ein bewusster, politischer Pazifismus. So wuchs ich ganz natürlich hinein in die aufkommende Friedensbewegung, zu deren radikalem, aber gewaltfreiem Teil ich zählte. Ich gehörte auch zu denjenigen, die nach dem endgültigen Beschluss, atomare Mittelstreckenraketen, Cruise-Missiles und Pershing II, in Deutschland zu stationieren, nicht aufgeben wollten. Wir fingen an, NATO-Manöver im sogenannten Fulda-Gap, dem mutmaßlichen ersten Schlachtfeld eines Krieges zwischen Ost und West, zu behindern; darin lag eine weitere Radikalisierung – und eine Selbstgefährdung. Unter dem Druck der Vergeblichkeit und im Angesicht rapide nachlassender Unterstützung wollten wir weiter gehen, massiver werden. Damals war ich einer der kleinen, natürlich streng basisdemokratischen Anführer und Anstifter solcher Aktionen. Das alles ging so lange, bis sich einer meiner Mitkämpfer vor einen im Leerlauf brüllenden US-Panzer stellte und mit der linken Hand auf ihn einschlug. In der rechten hielt er seinen Blindenstock. In dem Moment wurde mir klar: Es reicht. Ich wandte mich ab von der versiegenden Bewegung und allmählich auch vom Friedensthema. Für ein paar Jahre ging ich zu den Grünen, die sich in jener Zeit ihrerseits wieder mehr mit Ökologie beschäftigten.

Mit der Deutschen Einheit hörte ich dann auf, ein richtiger deutscher Linker zu sein, zu dem zwingend ein tiefes Misstrauen gegen die Deutschen gehörte, jedenfalls gegen die anderen Deutschen, die Rechten, die Spießer, die schweigende Mehrheit. Wie der ostdeutsche Dramatiker Heiner Müller es so schön ausdrückte: «Zehn Deutsche sind natürlich dümmer als fünf Deutsche.» Dieses Misstrauen hatte ich verloren, was zunächst jedoch, mangels anstehender Kriege, keine Auswirkungen auf meinen Pazifismus hatte. Dass es den bei mir so nicht mehr gab, dass er offenbar zusammen mit dem Misstrauen gegen die Deutschen verschwunden war, das merkte ich erst im Verlauf der neunziger Jahre, zuerst in den Debatten über eine Intervention in Bosnien nach dem Massaker, das die Serben in Srebrenica angerichtet hatten, dann angesichts der ethnischen Vertreibungen, die das serbische Regime im Kosovo verüben ließ. Zu meiner eigenen Überraschung

50

entdeckte ich, dass ich den Kosovo-Krieg befürwortete. Allerdings – ich war zu der Zeit schon Journalist – habe ich das nie deutlich geschrieben. Zu unaufgeräumt schien mir mein Kopf noch, zu unerledigt die pazifistische Zeit. Ich schämte mich, dafür zu sein.

Der erste Krieg, für den ich mich offen ausgesprochen habe, war der gegen das Taliban-Regime in Afghanistan, das al-Qaida Unterschlupf gewährte. Dabei begann am frühen Nachmittag des 11. September alles mit einem grotesken Versagen meines journalistischen Instinkts. 2001 arbeitete ich beim «Berliner Tagesspiegel», wo ich unter anderem für die Betreuung von Leitartikeln zuständig war. Vor mir lag der Entwurf eines Lokalredakteurs zum Großflughafen Berlin-Brandenburg; ich hatte noch ein paar Anmerkungen und bat den Kollegen ins Büro. Schon nach wenigen Sätzen unterbrach er mich und sagte: «Da ist ein Flugzeug ins World Trade Center gestürzt.» Ich überlegte kurz und erwiderte: «Dann schreiben Sie einfach noch ein paar Sätze zum Thema Flugsicherung mit rein.»

Was wirklich geschehen war, schien mir so undenkbar, dass ich es zuerst nicht wahrhaben wollte. Doch als die zweite Maschine in den zweiten Turm geflogen war, begann mein Gehirn, sich aus der Erstarrung zu lösen. In den Tagen darauf wurde mir klar: Es handelte sich also um einen Angriff auf Amerika, den ersten, und damit um die erste Gelegenheit für Deutschland, etwas zurückzugeben für die Befreiung von Hitler und die jahrzehntelange Unterstützung. Ich glaubte, und bejahte dies auch, dass etwas geschehen müsse, was der Wucht und Einzigartigkeit dieses Anschlags entspräche; was folgte, waren Beweise für die Verbindung des Anschlags mit al-Qaida, dann gab es eine UN-Resolution, die NATO rief den Verteidigungsfall aus, George W. Bush sagte, er werde keine Millionen Dollar teure Raketen in Beduinenzelte jagen, mithin keinen unverhältnismäßigen Krieg führen, und Gerhard Schröder, der deutsche Kanzler, versicherte dem US-Präsidenten seine Solidarität. Ich dachte: Richtiger kann ein Krieg nicht sein. Und diesmal schrieb ich es auch.

Meine persönliche Entscheidung für den Afghanistan-Krieg führte zu schmerzlichen Brüchen mit einigen Menschen, nicht jedoch zu einer neuen grundsätzlichen Klarheit in Sachen Krieg und Frieden. Vermutlich war es dafür einfach noch zu früh.

Aus der Tatsache, dass hierzulande gegenwärtig überkommene Denkweisen fragil werden, sollte nicht vorschnell geschlossen werden, das Verhältnis der Deutschen zum Krieg könnte von Grund auf neu gestaltet werden. Geschichte und Geschichten sind älter und wirkungsstärker als die Argumente, die sie begleiten. Die Deutschen werden über Nacht kaum so wie die Amerikaner werden, die sich nach wie vor als die militärische Führungsmacht sehen; nicht so wie die Briten, die sich als deren engste und stärkste Verbündete begreifen; nicht so wie die Franzosen, die stolz sind auf ihre Armee, ihre Luftwaffe und ihre Atomraketen. Stolz ist für die Deutschen ohnehin ein schwieriges Wort, erst recht im Zusammenhang mit dem Militär.

Ein Krieg stellt in diesem Land deshalb immer auch ein demokratisches Problem dar, und in aller Regel wird sich in der Bevölkerung keine stabile Mehrheit für einen Einsatz der Bundeswehr außerhalb des Bündnisgebiets finden. Man kann sich freilich auch fragen, ob eine kriegsbegeisterte deutsche Mehrheit wirklich das ist, was sich die Alliierten von uns wünschen, oder, noch zugespitzter: Einen Krieg, für den sich die Deutschen begeistern könnten, den sollten sie lieber nicht führen. So viel Selbstzweifel muss weiterhin sein.

Hinzu kommt ein ganz profaner Umstand. In Deutschland finden unablässig irgendwelche Wahlen statt, weshalb eine kriegführende Bundesregierung einem dauernden Plebiszit ausgesetzt ist, das sie nur überstehen kann, solange andere als die militärischen Fragen wahlentscheidend sind. Die Regierung wird infolgedessen dazu tendieren, die Fragen von Krieg und Frieden möglichst nicht zu thematisieren, ja, ihre Thematisierung aktiv zu verhindern. Davon wird die Unterstützung beispielsweise für den Afghanistan-Einsatz gewiss nicht stärker, was dann die Politik erst recht dazu bewegt, die Angelegenheit da unten am Hindukusch zu beschweigen.

Ohne eine offene Debatte können Öffentlichkeit, Bürger und Politik aber kaum etwas dazulernen, das heißt: Gelernt wird schon etwas, nur nicht bewusst und reflektiert. Es lernt in uns. Das Kleinhirn hat das Sagen, doch das Kleinhirn ist jetzt müde. Von der historisch bedingten Kriegsmüdigkeit der Deutschen war schon die Rede. Ihretwegen mussten den Bürgern die Einsätze auf dem Balkan und in Afghanistan mit viel politischer Führungskraft abgerungen werden. Nun kommt eine zweite, eine akute Kriegsmüdigkeit hinzu, weil diese Einsätze ihren Sinn zu verlieren scheinen, weil sie moralisch und militärisch so furchtbar anstrengend sind. Zum großen heroischen «Nie wieder!» gesellt sich ein leicht quengeliges «Nicht schon wieder!». Darüber lässt sich leicht lästern, immerhin haben sich andere Völker in den letzten Jahren viel mehr angestrengt als wir und sind trotzdem weniger erschöpft. Doch selbst wenn man Verständnis hat für die deutschen Befindlichkeiten, ist Müdigkeit auf die Dauer kein guter Ratgeber. Zumal dann nicht, wenn man drauf und dran ist, einen anderen, über Jahrzehnte erprobten Ratgeber buchstäblich in die Wüste zu schicken: das Bündnis.

4. Bündnisentpflichtung – von den Wonnen der Emanzipation

Hiesigen Diskussionen über Krieg und Frieden haftete, wie gesagt, in den Jahrzehnten nach dem Krieg immer etwas Abstraktes und – bei allem Pathos und Eifer – auch etwas Unernstes an. Schließlich hatten die Deutschen weder mit dem Korea- noch mit dem Vietnam-Krieg wirklich etwas zu tun. Auch die Kuba- oder die Suez-Krise kamen ohne ihren Beitrag aus. Doch fehlende Relevanz war es nicht allein, was das Debattieren abstrakt machte; tatsächlich fühlte sich die Bundesrepublik in militärischen Dingen nie wirklich frei – und war es auch nicht. Außerhalb der NATO oder ohne die USA zu handeln oder sich gar gegen sie zu stellen, war im Ernstfall undenkbar, und so befand sich das deutsche Denken über Krieg und Frieden stets im Bann eines zweifachen Als-ob: Was würden wir tun, so dachte man, wenn wir überhaupt etwas tun würden, und: Wie würden wir entscheiden, wenn wir allein entscheiden dürften?

Darunter haben die Debatten möglicherweise intellektuell gelitten, nicht aber die Deutschen selbst. Zum einen, weil ihnen das Abstrakte ohnehin liegt, zum anderen, weil ferne Kriege und Krisen so zu einer höchst hilfreichen Projektionsfläche eigener Befindlichkeiten werden konnten. Und die Deutschen hatten, nach all dem, was sie verbrochen oder zugelassen hatten, wahrlich Grund genug, ausdauernd über sich selbst zu reden. Nicht zuletzt erschien ihnen das Eingebundensein ins westliche Bündnis weniger als eine Beschränkung ihrer Souveränität denn als eine Gnade; schließlich war es alles andere als selbstverständlich, dass man, nachdem man zwei Weltkriege und den Holocaust zu verantworten hatte, überhaupt wieder einen Staat bilden durfte, noch dazu einen, der rasch zu internationalem Ansehen und Respekt kam.

Anders verhielt es sich bei den Ostdeutschen. Die Kommunisten betrachteten die DDR nicht als einen Rechtsnachfolger des Dritten Reiches, sondern als eine Art staatlichen Erben des antifaschistischen Widerstands. Allerdings sogen die Herrschenden aus dieser noblen Vergangenheit jahrzehntelang Legitimation für ihren unfreien und maroden sozialistischen Staat – so lange, bis der Mythos entleert war. Länger hielt sich das Bild vom westlichen Imperialismus, der Kriege führt, um seine Macht auszudehnen; und dass viele Ostdeutsche die Art, wie die Wiedervereinigung ablief, ebenfalls als imperial empfanden, festigte das Bild noch. Insofern verwundert es kaum, dass die ehemaligen DDR-Bewohner bei Meinungsumfragen militärischen Interventionen noch skeptischer gegenüberstehen als die Westdeutschen.

Zudem fühlen sich die Ostdeutschen dem westlichen Bündnis mehrheitlich weniger verpflichtet, mit einigen Ausnahmen und einer ganz wichtigen: Angela Merkel. Für sie war das Bündnis Garant der Freiheit und auch Schutzmacht gegen ein unberechenbares und expansives Russland. Insofern passt sie mit ihrer atlantischen Loyalität sehr gut in die CDU, die ihrerseits immer die atlantischste deutsche Partei sein wollte. Dass Merkel als Kanzlerin einmal die bisher härteste und einsamste Entscheidung einer deutschen Regierung gegen das Bündnis fällen würde, das hätte sie sich zu Beginn ihrer politischen Karriere gewiss nicht vorstellen können.

In die Zeit nach dem Kalten Krieg, als die Kriege wieder heiß wurden, ging die deutsche Politik jedenfalls mit der festen Gewohnheit und der tiefen Überzeugung, dass es außen- und sicherheitspolitisch für die Deutschen nichts Wichtigeres geben könnte als das westliche Bündnis. Dann aber, zu Beginn der neunziger Jahre, fing die Einheit von faktischem Pazifismus und absoluter Bündnisloyalität an, sich aufzulösen, und das setzte die Regierungspolitik unter extremen Stress. Hin- und hergerissen zwischen dankbarer Loyalität und dem Horror, «deutsche Stiefel» wieder in fremden Ländern marschieren zu lassen, entschieden sich die führenden Politiker, erst die schwarz-gelben, dann die rot-grünen, für Loyalität. Vor der Frage, ob der erste Irak-Krieg, der Bosnien-Einsatz und der Kosovo-Krieg denn berechtigt seien, rangierte daher eine andere, nicht weniger existenzielle Frage: Was tut das Bündnis?

Es sollte ganze zehn Jahre dauern, genauer vom 11. September 2001 bis zum 17. März 2011, von der «uneingeschränkten Solidarität» mit den USA bis zur Libyen-Enthaltung im UN-Sicherheitsrat, bis diese jahrzehntealte Bündnispriorität entkräftet war.

Schröder macht den ersten Schritt: Nein zum Irak

Am 18. September 2001 saßen wir, eine Handvoll Journalisten, mit Joschka Fischer in der deutschen Botschaft in Washington. Der Himmel über der Stadt war stumm, nach den verheerenden Flugzeugattentaten herrschte Flugverbot. Der Außenminister sprach leise und mit düsterer Stimme. Gerade war er von einem Gespräch mit dem stellvertretenden US-Außenminister Paul Wolfowitz zurückgekehrt, der ihm Schreckliches eröffnet haben musste, denn Fischer breitete vor uns ein Szenario aus, das den gesamten Mittleren Osten bereits in Aufruhr und Flammen sah. Bald war uns klar, dass eine Invasion in Afghanistan allein eine solche apokalyptische Vision schwerlich herbeiführen konnte. Es musste um mehr gegangen sein bei seinem Gespräch: Die Amerikaner hatten anscheinend noch anderes vor.

Gerhard Schröder, der damalige Bundeskanzler, machte daheim in Berlin eine ähnliche Andeutung. Selbstredend versprach er den USA «uneingeschränkte Solidarität» im Kampf gegen den Terror und auch für einen Krieg am Hindukusch; undenkbar (zumal für die Deutschen, die Pflegekinder der Weltgeschichte), den Amerikanern in dem Moment, da sie erstmals auf eigenem Territorium angegriffen wurden, die Hilfe zu verweigern. Doch warnte Schröder im selben Atemzug vor «Abenteuern». Kanzler wie Außenminister schienen dasselbe im Kopf zu haben: den offenbar schon fest geplanten Irak-Krieg.

Indessen sagte Fischers Schwelgen in Untergangsszenarien nicht nur etwas über amerikanische Pläne, es sagte auch etwas über deutsche Mentalitäten: Schnell neigen Politiker und Öffentlichkeit hierzulande zu einem Denken in Verhängnissen. Und selbst mit dem Abstand von neun Jahren bewertet Fischer die damalige Situation nicht anders. In seinem 2010 erschienenen Buch «I'm not convinced» bezeichnet er die Pläne, die ihm Wolfowitz an jenem 18. September eröffnet hat, als einen «Weltkrieg neuen Typs».

Dieser apokalyptische Zug mag aus den erlebten deutschen Untergängen kommen und insofern verständlich sein, dennoch ist Deutschland nicht die Welt und die Vergangenheit nicht die Gegenwart. Deutsches Zu-Ende-Denken verhindert zuweilen, überhaupt einen Schritt zu tun. Im Nachhinein muss man sagen, dass der Irak-Krieg – so falsch er gewesen sein mag, so schrecklich für das Land selbst – zu keinem Weltenbrand geführt hat. Der Mittlere Osten steht heute sogar eher vor einer besseren Zukunft als seinerzeit; die Geschichte war einfach phantasievoller als George W. Bush, aber auch als Joschka Fischer. Beide hatten die Rechnung ohne die Bevölkerung gemacht, sie hatten miteinander einen Disput über Arabien ausgetragen, ohne dabei die Araber als eigenwillige und eigenmächtige Menschen auf der Rechnung zu haben. Sie dachten sich die arabischen Staaten wie Dominosteine, und der eine von ihnen hoffte, der andere fürchtete, diese Dominosteine würden fallen, sobald es im Irak losginge.

Seit Mitte 2002 wurde in der internationalen Öffentlichkeit dann immer offener über eine mögliche Invasion in den Irak gestritten. Die rot-grüne Bundesregierung stand zu jener Zeit mitten in einem Wahlkampf, der für sie fast schon verloren schien. In diesem Moment entschloss sich Gerhard Schröder zu einem Befreiungsschlag für seine Koalition: Im September, ein Jahr nach der Proklamation der «uneingeschränkten Solidarität», verkündete der Kanzler vor dem Deutschen Bundestag, über «die existenziellen Fragen der deutschen Nation» werde in Berlin entschieden «und nirgendwo anders». Das Signal war unmissverständlich: Im Fall eines Irak-Kriegs würde Deutschland nicht mitmachen, wenn Gerhard Schröder Kanzler bliebe. Er blieb es.

Der historische Bruch war damit vollzogen. Erstmals würde Deutschland den USA nicht folgen. Angela Merkel, damals noch eine strikt atlantisch gestimmte Oppositionsführerin, kritisierte Schröders Entscheidung vehement – und zwar von den USA aus, was sich üblicherweise nicht gehört und wie Anschwärzen wirkte. Merkel schrieb am 20. Februar 2003 in der «Washington Post»: «Die wichtigste Lektion der deutschen Politik – nie wieder sollte Deutschland allein stehen – wurde von der Bundesregierung anscheinend mit Leichtigkeit beiseitegewischt: zweifellos eine Entscheidung aus wahltaktischen Gründen.» Allerdings hatte auch Joschka Fischer, Schröders Außenminister, mit dessen Vorpreschen größte Probleme; er fürchtete, zu guter Letzt im UN-Sicherheitsrat allein mit Syrien zu stimmen, eine wahrhaft gruselige Vorstellung: Der ehemalige Schurkenstaat hätte mit dem aktuellen Schurkenstaat gegen den Westen gestimmt.

Es ist viel darüber gestritten worden, ob Gerhard Schröder sich zu früh entschieden hat und ob nicht vor allem innenpolitische Gründe ihn zu diesem Schritt bewogen haben. Das mag alles so sein, doch eines ist klar: Es brauchte offenbar einen Mann, der nicht so tief in der deutschen Geschichte stand wie der Außenminister oder wie Schröders Vorgänger Kohl und Schmidt, um sich aus der uneingeschränkten Bündnissolidarität mit den USA zu lösen, es brauchte einen, für den das Bündnis nur ein sicherheitspolitisches Instrument ist und keine metaphysische Rückversicherung, es brauchte, kurz gesagt, einen Leichthändigen, damit Deutschland sich emanzipiert.

Oder sich isoliert. Schröder indes hatte großes Glück, weil Jacques Chirac auch nicht in den Irak gehen wollte.

Deutschland stand also nicht allein da, sondern kündigte zusammen mit Frankreich den USA die Gefolgschaft auf. Gemeinsam wandte man sich gegen einen Krieg, der, wie sich später zeigen sollte, mit falschen Beweisen herbeigeführt wurde, nicht die Zustimmung des UN-Sicherheitsrates fand, infolgedessen völkerrechtswidrig war und dann auch noch einen schlimmen Verlauf nahm.

Haltung und Enthaltung: Angela Merkel

Der halbe Bruch mit dem Bündnis war das Werk einer linken, der rot-grünen Regierung. Den offenen und vollständigen Bruch mit der Bündnisloyalität aber brachte acht Jahre später eine rechte, die schwarz-gelbe Regierung zustande: Guido Westerwelle und Angela Merkel, ausgerechnet sie, enthielten sich im UN-Sicherheitsrat bei der Abstimmung über die Einrichtung einer Flugverbotszone im libyschen Luftraum der Stimme und votierten damit gegen die USA, Großbritannien und Frankreich. Die militärische Intervention fand allerdings trotz der Deutschen die Zustimmung der Völkergemeinschaft und diente, anders als im Falle der irakischen Giftgasraketen, nicht zur Abwendung erfundener Gefahren, sondern zur Verhinderung eines unmittelbar bevorstehenden Massakers.

Unabhängig davon, ob man die Libyen-Intervention nun für richtig hält oder nicht – unstrittig dürfte sein, dass sie bei weitem legitimer ist, als es der Irak-Krieg war. Es stand auch keine Bundestagswahl an wie seinerzeit bei Schröder, und die FDP ist, anders als die Grünen, keine Partei mit pazifistischen Wurzeln. Es wäre also, alles in allem, für die Kanzlerin Angela Merkel viel leichter gewesen als einst für den von ihr so scharf kritisierten Kanzler Schröder, sich bündnisloyal zu zeigen. Dass sie es nicht tat, verdeutlicht, wie wenig das Bündnisargument bei ihr noch zählt und dass sie in den letzten Jahren jenen Weg zu Ende gegangen ist, den Gerhard Schröder zuerst beschritten hat. Bei ihm war das Bündnis nachgeordnet, bei ihr wurde es nebensächlich.

Das soll, anders als es vielleicht klingt, noch keine Wertung sein. Man kann solche Entscheidungen auch als Akt der Emanzipation ansehen, als eine unausweichliche Konsequenz der Geschichte, als natürliche Folge unserer wachsenden zeitlichen Entfernung zum Zweiten Weltkrieg. Nicht nur Kriege wieder zu führen, sondern auch sie unter Umständen eben gerade nicht zu führen, zeugt schließlich von Souveränität. Die in den neunziger Jahren gängige Formulierung, Deutschland müsse nun endlich «Verantwortung übernehmen» und außenpolitisch «erwachsen werden», meinte, dass nur das Führen eines Krieges verantwortlich und erwachsen sein könne; es zu lassen ist es aber auch.

Die Zäsur als solche jedoch ist unübersehbar und irreversibel: Seit 1989 legt die Geschichte den Deutschen keine besonderen Fesseln mehr an, sie können wieder militärisch intervenieren. Und seit 2011 nimmt sich Deutschland in Fragen von Krieg oder Frieden zudem das Recht heraus, ganz für sich allein, auch gegen die USA, sogar gegen das westliche Bündnis zu entscheiden.

Noch ist nicht abzusehen, was das bedeutet. Die NATO wurde, nach einer berühmten Formulierung, gegründet, «um die Amerikaner drinnen, die Russen draußen und die Deutschen unten zu halten». Das alles hat sich weitgehend erübrigt. Wozu ist das Bündnis nun eigentlich da? Im Namen welcher Ziele kann hier noch Loyalität eingefordert werden? Und für die Deutschen: Schlägt jetzt abermals unsere Apokalyptik durch? Was geschieht, wenn uns weniger grüblerische Nationen nicht mehr in etwas hineinziehen, wenn sie uns nicht zu Taten verlocken? War das Bündnis mit Briten und Amerikanern nicht auch immer ein Bündnis mit der Zuversicht? Und doch: Wenn eine historische Bindung sich lockert, bedeutet das nicht zwingend, dass ein Land und seine Politik freier werden, es kann auch einfach sein, dass tiefer liegende historische Wahrheiten virulent werden. Schließlich ist die besondere Rolle Deutschlands in Europa und im Westen nicht erst mit Hitler entstanden. Deutschland ist eine Mittelmacht, das heißt stärker als die meisten Länder in Europa, aber längst nicht so stark wie die USA oder heute China. Es liegt in der Mitte Europas, betroffen, ja hineingezogen in fast alles, was sich auf diesem Kontinent, insbesondere bei den neun unmittelbaren Nachbarstaaten, tut. Umgekehrt reagieren diese neun ungemein empfindlich auf deutsche

Politik, zumal Deutschland heute wieder mehr Einwohner und eine stärkere Ökonomie als jedes andere Land in Europa hat. Wie zu Zeiten Bismarcks ist es, nach einer alten Formel, auch heute wieder zu schwach, um den Kontinent zu dominieren, und andererseits zu stark, um dominiert zu werden, ist es nicht von vornherein definiert und definiert doch andere, eine Mischung aus geographischer Zentralität und machtpolitischer Zwiespältigkeit, die der deutschen Politik schon immer etwas Unselbstverständliches gegeben hat. Bismarck schuf dagegen ein Bündnissystem, das Deutschland einband und zugleich davor schützte, dass andere sich gegen es verbündeten. Allerdings haftete seinem Bündnisgeflecht etwas Willkürliches an. Warum mit Russland und Österreich und nicht mit Frankreich und England? Sein Bündnis erhielt dann auch den Frieden nicht und unterlag anschließend dem Gegenbündnis im Krieg.

Mit der Deutschen Einheit erbte die Bundesrepublik das Bismarck'sche Problem erneut: Deutschland war wieder groß genug, um ein Problem zu sein. Jetzt, da die Einbindung des Landes in die NATO allein keine Prognose über das Verhalten der Bundesregierung mehr erlaubt, treten die klassischen deutschen Unsicherheiten wieder deutlicher hervor. Zumal sich in den vergangenen Jahren noch etwas anderes entscheidend geändert hat: Bis zur Einheit und noch darüber hinaus lag es im deutschen Interesse, die eigene Stärke nicht zu zeigen, um nicht die historischen Vorbehalte zu mobilisieren. An diese Maxime hielt sich jede Regierung, auch die jetzige. Allein, so funktioniert es nicht mehr. Schon in der Finanzkrise, erst recht aber in der europäischen Währungs- und Schuldenkrise, wurde von Deutschland als wirtschaftlich gesundester Macht Führung verlangt, und spätestens hier ließ sich die Stärke nicht mehr camouflieren. Damit aber verändert sich die Rolle Deutschlands insgesamt. Vom Bösewicht der Weltgeschichte hatte man sich zu Everybody's Darling emporgearbeitet, um nun in Europa zu etwas zu werden, was die USA lange Zeit für die Welt waren: die Nation, die alles regeln soll und die jeder hernach dafür beschimpfen darf, wie sie es geregelt hat, einerseits Retter und andererseits Imperialist. Darüber gibt es nichts zu klagen, doch wird die neue Rolle des Landes die hiesige Politik wahrscheinlich für geraume Zeit weiter verunsichern. Eine eindeutig definierte nationale Außen- und Sicherheitspolitik nämlich kann auch in Sachen Krieg und Frieden Festigkeit geben, eine durch bündnispolitische Loyalität klar definierte Politik in Sachen Krieg und Frieden der Außen- und Sicherheitspolitik Halt. Zurzeit haben wir weder das eine noch das andere. Wie Deutschland in der Welt und in Europa steht, ist so unsicher wie seit sechzig Jahren nicht mehr.

Fest steht im Moment nur eines: Nunmehr trägt die Bundesrepublik, trägt ihre jeweilige Regierung in der Frage von Krieg und Frieden die volle Last der Begründung allein, sie kann sich nicht auf die Geschichte herausreden oder ihre Verantwortung auf die Bündnispartner abschieben. Deutschland kann und muss nun selbst entscheiden, jedes Mal, das Land steht frei in der Welt. Und in was für einer Welt?!

An den Grenzen der Normalisierung: Israel

Die geschichtlichen Bindungen der Deutschen haben sich zwar nicht aufgelöst, aber sie haben sich in den letzten zwanzig Jahren stark gelockert. Militärisch darf das Land heute mehr als früher, und es kann autonomer entscheiden. Wenn dem so ist, was bedeutet das dann für die sprichwörtlichen «besonderen Beziehungen zu Israel»? Gilt auch hier, dass alles geht und nichts muss?

Wer einmal den Besuch eines deutschen Politikers in Yad Vashem, der Jerusalemer Gedenkstätte für den Holocaust, miterlebt hat, kann das schwerlich glauben. Ob Außenminister, Bundespräsident oder Kanzler, ob CDU, SPD, Grüne oder Liberale, ob alt, jung oder mittelalt, an dieser Stelle sind sie alle Deutsche. Deutsche, die für die Verbrechen eines Volkes stehen, denen der Stempel der Ewigkeit aufgedrückt ist. In der düsteren «Halle der Erinnerungen» kämpfen deutsche Politiker mit den Tränen, haben sie Angst, in der streng choreographierten Zeremonie des Gedenkens einen falschen Schritt zu machen, ringen sie nach Worten oder schweigen ganz. Man kann in die Köpfe der Politiker natürlich nicht hineinsehen, doch wenn nicht alles täuscht, dann ist ihre Erschütterung echt, immer wieder. Das Besondere in den Beziehungen Deutschlands zu Israel hat etwas Unvergängliches. Aber was ist ihr Inhalt? Kurz gesagt: Die Gründung des Staates Israel ist auch eine Antwort auf den Holocaust, das Land ein Schutzraum für ein bedrohtes Volk, und darum können die Sicherheit und die Existenz Israels den Deutschen niemals gleichgültig sein. Sosehr sich aber diese Tatsache selbst historischen Relativierungen – zumindest noch für sehr lange Zeit – verschließt, so sehr sind die Konsequenzen daraus historisch, strategisch und taktisch formbar, also doch wieder Gegenstand von Politik.

In den ersten Jahrzehnten nach dem Zweiten Weltkrieg hatte diese «Besonderheit» militärisch nur wenig Bedeutung. Deutschland konnte außerhalb des NATO-Territoriums nicht agieren, Israel folglich nicht aktiv schützen, sondern es allenfalls durch Waffenlieferungen unterstützen, was dann auch reichlich geschah, und das, obwohl der Nahe Osten als Krisenregion zu gelten hatte und Waffenexporte dorthin gesetzlich eigentlich verboten waren. Aber für Israel galt diese Regel nie, zu Recht.

Doch seit Deutschland nach dem 3. Oktober 1990 seine militärische Souveränität wiedergewonnen und sich zugleich der denkbare Einsatzraum ausgedehnt hatte, war absehbar, dass sich die Frage nach der Besonderheit der Beziehungen auch militärisch neu stellen würde. Praktisch wurde das Problem erstmals im Oktober 2006. Um einen Waffenstillstand zwischen Israel und dem Libanon zu sichern, beteiligte sich die Bundeswehr damals an einer UN-Friedenstruppe in Nahost, eine Entscheidung der schwarz-roten Koalition, die innenpolitisch wenig Streit entfachte, mit einer bedeutsamen Ausnahme: der Sonderrolle der FDP. Ihr Vorsitzender Guido Westerwelle hatte sich in Sachen Israel schon einmal verirrt. Das war im Jahre 2002, als er behauptete, seine Generation habe ein ganz anderes Verhältnis zur Vergangenheit. Damit stellte er – vielleicht unbedacht – den generationenübergreifenden Charakter der deutschen Verantwortung in Frage. Ohnehin ist es für einen jungen, sich unbelastet fühlenden deutschen Politiker nicht leicht, sinnvolle Sätze zum Thema Vergangenheit zu sagen, die sich auch nur einen Deut von denen der älteren Generation unterscheiden. Westerwelle jedenfalls hat sich seither nicht mehr an solchen Sätzen versucht.

Beim Libanoneinsatz verhielt sich die FDP dann erneut merkwürdig. Nicht nur weil sie dagegen stimmte, vielmehr wegen der von der Partei angeführten Begründung: Den Israelis, hieß es, sei die Gefahr nicht zuzumuten, im Extremfall (wieder) mit deutschen Soldaten konfrontiert zu sein. Gewohnt großspurig appellierte Westerwelle an die Bundeskanzlerin: «Ich halte es für schlechterdings unvorstellbar, dass bewaffnete deutsche Soldaten im Nahen Osten eingesetzt werden. Man stelle sich vor, es kommt zu einem Gefecht, deutsche Soldaten müssten sich selbst verteidigen, und dabei verletzt sich oder stirbt ein israelischer Soldat (…). Die politischen

Konsequenzen eines solchen Vorfalls könnten einem den Atem rauben. Es war bisher eine klare Haltung aller Regierungen seit Gründung der Bundesrepublik, dass deutsche bewaffnete Soldaten im Nahen Osten nichts verloren haben. Ich appelliere an die jetzige Regierung, es bei dieser klaren Haltung zu belassen.» Ja, was wäre wohl gewesen, wenn ein solch tragischer Unfall stattgefunden, wenn ein deutscher Soldat versehentlich einen israelischen erschossen hätte? Man hätte sich entschuldigt, die Köpfe gesenkt und gemeinsam getrauert, nichts weiter.

Westerwelle versuchte hier – wie andere vor ihm angesichts der Balkan-Kriege – aus der historischen Schuld noch einmal eine Befreiung von Pflichten abzuleiten. Dabei kehrt das Kohl'sche Stiefelmotiv wieder, allerdings noch paternalistischer, weil die Israelis ja problemlos selbst entscheiden konnten (und auch entschieden haben), ob sie sich dieser «Gefahr» aussetzen wollen oder nicht (sie wollten). Die Haltung der FDP und Guido Westerwelles erscheint darum selbst im Nachhinein kaum erklärlich.

Unternimmt Westerwelle hier tatsächlich den Versuch, unter Verweis auf die besondere deutsche Verantwortung für Israel, ebendiese besondere Verantwortung zu relativieren, oder biedert er sich nur dem Popularpazifismus an? Schwer zu sagen. Erstaunlich ist allerdings, dass jemand mit so sonderbaren geschichtspolitischen Vorstellungen wie Guido Westerwelle überhaupt Außenminister werden konnte. Auch das ist vielleicht ein Zeichen für gelockerte historische Bindungen.

Wie dem auch sei: Westerwelle konnte nicht verhindern, dass der Nahe Osten für Deutsche wieder ein militärisch begehbares Gelände wurde. Das besondere Verhältnis zu Israel liegt denn auch nicht in dem, was Deutsche tun dürfen, es liegt vielmehr in dem, was sie tun müssen. Die Bundeskanzlerin hat sich einige Jahre später veranlasst gesehen, diesbezüglich einen Pflock einzuschlagen: In all die neuen Unsicherheiten hinein, was diese «Besonderheit» denn im Ernstfall eigentlich bedeuten könnte, erklärte Angela Merkel am 18. März 2008 vor der Knesset, dem israelischen Parlament: «Jede Bundesregierung und jeder Bundeskanzler vor mir waren der besonderen historischen Verantwortung Deutschlands für die Sicherheit Israels verpflichtet. Diese Verantwortung Deutschlands ist Teil der Staatsräson meines Landes. Das heißt, die Sicherheit Israels ist für mich als deutsche Bundeskanzlerin niemals verhandelbar. Und wenn das so ist, dürfen das in der Stunde der Bewährung keine leeren Worte sein.»

In der Freitagskonferenz der ZEIT wurde über dieses Statement der Kanzlerin lange debattiert. Helmut Schmidt warf die Frage auf, warum man das Selbstverständliche so deutlich ausspricht, warum die Kanzlerin es gar zur Staatsräson, zur Doktrin erhebt. In der Tat steckt in Merkels Aussage eine merkwürdige Dialektik. Dass hier so überstark Dinge betont werden, die, wie Merkel sagt, schon all ihren Vorgängern selbstverständlich waren, könnte Skepsis wecken; musste sie das sagen, weil die Deutschen mehrheitlich nicht mehr so denken? Musste sie sich stellvertretend für ihr Land verpflichten, weil sich viele nicht mehr verpflichtet fühlen? Auch der letzte Satz ihrer Rede in der Knesset, der sicher nur als Anspielung auf den Kriegsfall zu verstehen ist, schillert sonderbar, könnte er Deutschland doch fast automatisch in einen Krieg ziehen – oder aber sich als leeres Geschwätz erweisen.

Doch Merkel hat ihr Versprechen nicht im luftleeren Raum gegeben. Sie bezog sich damit auf eine ganz konkrete Bedrohung Israels – nämlich die durch den Iran. Das Regime in Teheran droht mit der Vernichtung Israels und ist dabei, sich Atomwaffen zu beschaffen. Nun kann man lange darüber spekulieren, ob Ahmadinedschad im Zweifel so weit gehen würde, diese Waffen auch einzusetzen, klar ist jedoch: Israel wird sich mit einem solchen Risiko nicht abfinden. Und da es bisher nicht gelungen ist, den Iran von seinem Atomwaffenprogramm abzubringen, weder mit Drohungen noch mit Sanktionen, noch mit Lockungen, wird Israel wohl, wenn nicht vorher etwas Einschneidendes geschieht, irgendwann einen Präventivkrieg gegen den Iran führen. Ist das dann die «Stunde der Bewährung»?

Was wird dann, wenn es so weit ist, in Deutschland geschehen? Mit Blick auf Kriege hat es hierzulande seit 1989 zwei Bewegungen gegeben: eine auf den Krieg zu mit den Einsätzen auf dem Balkan und in Afghanistan und danach eine vom Krieg weg mit der Weigerung, am Irak-Krieg und an der Intervention in Libyen teilzunehmen. Mit Blick auf Jerusalem hat es in Deutschland, gleichwohl unauffälliger, auch Bewegung gegeben, aber nur eine einzige: immer weiter weg von Israel. Die Skepsis gegenüber dem Staat und der israelischen Palästinenser-Politik ist in der deutschen Bevölkerung groß. Dabei mögen antisemitische Restbestände eine Rolle spielen, darauf reduzieren kann man diese Skepsis zweifellos kaum. Doch auch in den israelfreundlichen Eliten hat sich eine gewisse Hilflosigkeit eingestellt, weil die konkrete Politik der rechten israelischen Regierungen so wenig Anknüpfungspunkte für Solidarität bietet. Diese Hilflosigkeit schlägt sich weniger in Attacken auf Benjamin Netanjahu nieder als in verminderter journalistischer Aktivität, kurzum: Man meidet das Thema, macht es in den Zeitungen kleiner, handelt es weiter hinten ab. In die wachsende Distanz zu Israel und in die zunehmende Skepsis gegen Militäreinsätze hinein bringt nun die Merkel-Doktrin Deutschland näher an einen Militäreinsatz für Israel. Hier liegt eine enorme latente Spannung. Man muss bang und gespannt sein, was daraus wird, wenn es drauf ankommt.

Die militärische Normalisierung Deutschlands aber findet in der Causa Israel ihre Grenze. Hier herrscht ein Muss, das vom westlichen Bündnis so nicht mehr ausgeht. Wo diese Grenze genau verläuft, das werden wir hoffentlich nie erfahren müssen; die Israelis selbst, egal, wer in Jerusalem gerade regiert, werden sich ohnehin nicht auf Deutschland verlassen. Wer wollte es ihnen verdenken? Dennoch werden sie deutsche Solidarität einfordern. Diese Merkel-Doktrin wird uns noch zu schaffen machen.

5. Außer Rand und Band – die neue Weltordnung

Deutschland ist freier geworden, unabhängig vom Bündnis zu handeln. Manche nennen das einen Sonderweg. Zugleich zeigt die deutsche Politik sich wieder zurückhaltender bei internationalen Einsätzen, und das letzte Ja zu einem Krieg liegt mittlerweile knapp zehn Jahre zurück. Manche nennen das feige. Doch auf Wertungen soll es hier nicht ankommen. Wichtiger ist etwas anderes: Deutschland bewegt sich mit seiner neuen Freiheit und seiner neuen Zurückhaltung heute in einer Welt, die selber in Unordnung geraten ist. Die vielleicht darüber hinaus bedrohlich erscheint. Die wenig einladend wirkt auf furchtsame Gemüter. Die Orientierung zwar verlangt und dabei doch dauernd neue Strukturen schafft und wieder zerstört. Darunter leiden gewiss viele Staaten, auch China oder Indien, und doch ist es im Wesentlichen der Westen, der sich den Kopf über all das zerbricht; das immerhin muss man ihm zugutehalten.

Und was geschieht nun mit dem freieren Deutschland in der unübersichtlichen Welt? Um es unmissverständlich zu sagen: Wenn sich die deutsche Politik kein realistisches Bild von der Welt macht, dann wird sie eine neue Weltfremdheit herausbilden und versuchen, nur das von der Welt zu sehen, was sie nicht allzu sehr beunruhigt; Deutschland würde ein weltscheuer Exportweltmeister.

Von der «neuen Weltunordnung» ist häufig die Rede. Das Wort erweckt den Eindruck, als sei alles durcheinandergeraten, doch ganz so ist es nicht; das denken nur diejenigen, die eine Dreiteilung der Welt für das Maximum an zumutbarer Komplexität halten. Tatsächlich aber ist die Welt nur nicht mehr so wohl geordnet wie vor dem Fall der Mauer, als ein Drittel der Welt, der Osten, eingefroren war, ein weiteres Drittel, der Westen, immer reicher wurde und ein letztes Drittel, der Süden, der ungehemmten Ausbeutung durch die beiden anderen wenig entgegenzusetzen hatte. Die Übersichtlichkeit dieser Welt beruhte schlicht darauf, dass Milliarden von Menschen keine Chance hatten, sich einzumischen, weder als Konsumenten noch als Staatsbürger, noch als Arbeiter oder Unternehmer. Wenn allerdings die Mehrheit der Menschen nicht zu Wort kommt, herrscht natürlich meistens Ruhe, und damals, im Kalten Krieg, war es die Ruhe der Herrschenden, unsere Ruhe.

Insofern wäre es nach dem Fall der Mauer klug gewesen, zuzuhören, vorsichtig zu fragen, sich tastend voranzubewegen. Doch das war man im Westen nicht gewohnt. Man machte sich sein Bild von der Welt und von einzelnen Staaten, so wie es jeweils ins Konzept passte, man stelle für jede Region eine Benutzeroberfläche her, man nannte das Geopolitik. Und wenn sich die Dinge anders entwickelten oder die Menschen anders handelten als gewünscht, dann hatte der Westen meist genug Macht, sie wieder passend zu machen.

Aufgalopp der Thesenritter

Statt nun aber angesichts der neuen Gesamtlage die eigene Betrachtungsweise zu ändern, werden seit mittlerweile zwei Jahrzehnten Großthesen an der Welt ausprobiert. Und das nicht nur theoretisch, sondern oft auch politisch – und militärisch. Bücher machten Politik.

Unmittelbar nach dem Ende des Kalten Krieges war für einige Zeit die These vom Ende der Geschichte und von der Dominanz des westlichen Modells vorherrschend, auch wenn Francis Fukuyama, der Vordenker dieser Schule, das gar nicht so gemeint haben sollte. Doch war die Vorstellung ungeheuer verführerisch, der demokratische Westen sei eine Art Endzustand und der Rest der Welt bewege sich allmählich darauf zu; freilich wurde eine solche Menge künftige Geschichte, so viel menschliches Leben und Streben dabei quasi verschluckt, dass die Sache kaum gutgehen konnte. Die Folge war ein ebenso frohgemuter wie hochmütiger Idealismus, der nach den Balkan-Kriegen zu einem mitunter überschäumenden Interventionismus führte und sich später bis hin zum Irak-

Krieg auswirkte. Krieg scheint da besonders legitim, wo er nur noch als eine Art Schubser in eine Richtung gesehen wird, die ohnehin schon feststeht.

Mit dem 11. September 2001 wurde dann Samuel Huntingtons These vom Kampf der Kulturen populär. Diese eigentlich unheimliche Vorstellung vom eskalierenden Konflikt zwischen dem Westen und dem Islam hatte immerhin den beruhigenden Nebeneffekt, dass endlich wieder ein einfaches Weltbild herrschte, Gut gegen Böse, das kannte man ja.

Vielleicht schon der Afghanistan-Feldzug, spätestens aber der Irak-Krieg führten beide Thesen zusammen: Der Westen ist das gute Ende aller Geschichte, das man allerdings zur Not auch mit den Mitteln des Krieges herbeiführen muss, eine Idee, die jedoch ein fundamentales Paradoxon enthielt und schon deswegen zum Scheitern verurteilt war: Die Einführung der Demokratie auf den Bajonettspitzen westlicher Soldaten bedeutete die Herstellung von Selbstbestimmung durch Fremdbestimmung. Das Konzept der aufgeherrschten Demokratie hat sich denn auch weder in Afghanistan noch im Irak bewährt. Dort steht der Westen, dort kämpft vor allem Amerika noch immer. Zermürbt aber werden nicht mehr die Taliban, zermürbt wird der bewaffnete Idealismus des Westens.

Damit ist die These widerlegt (Ende der Geschichte), für die Antithese (Kampf der Kulturen) fehlt auf Dauer die Kraft, und die Synthese (Erfüllung der Geschichte durch Kampf) funktioniert nicht. Die Konsequenz daraus: Im Westen ist man verwirrt, und bei den Intellektuellen und Politikern herrscht beinahe noch mehr geistige Unordnung als in der Welt.

Selbst die westliche Führungsmacht USA, zu Beginn des Irak-Krieges als Hyperpuissance, als einzige verbliebene und mächtigste Weltmacht der Geschichte verehrt und gefürchtet, scheint mittlerweile eher auf einem absteigenden Ast zu sein. «Decline-Management», die kluge Verwaltung des eigenen militärischen und ökonomischen Niedergangs, steht auf der Tagesordnung. Immer neue Modelle für den Machterhalt werden ausprobiert: Mal soll nach Washingtoner Vorstellungen die neue Weltordnung ein Duopol sein, dem gemäß die USA und China als G2 gemeinsam die globalen Geschicke lenken; dann wieder ist die Angst vor China so groß, dass man sich lieber Indien zuwendet. In solchen Momenten wird Indien die größte Demokratie der Welt genannt, und seine illegalen Atomwaffen werden plötzlich legitimiert, bis die kulturelle und gesellschaftliche Dysfunktionalität des indischen Kastenwesens wieder mehr ins Auge sticht. Ebenso gilt Russland mal als strategischer Partner (in Afghanistan), mal als neoimperialistisch (beim Georgien-Krieg), mal als unwichtig. Und auch Europa wird in den USA regelmäßig als kaum noch bedeutend angesehen, um kurze Zeit später zum Partner in der Weltführung mit eingebauter Wertegemeinschaft ernannt zu werden.

All diese schnell wechselnden Ideen und Visionen

wurden von zahllosen politischen Büchern begleitet. Sie produzierten zumeist gleichsam ambulante Weltbilder, gaben sich aber gern als letzte, mindestens vorletzte Wahrheiten aus. Wer sie heute zur Hand nimmt, der kann oft schon am Erscheinungsjahr erraten, welche These da wohl vertreten wird.

Robert Kagan etwa, einer der profiliertesten geopolitischen Theoretiker, schrieb im Jahr 2003, am Vorabend des Irak-Kriegs, sein Buch «Macht und Ohnmacht». Darin entwickelt er die Theorie vom friedliebenden, schwachen Europa (Venus) und den mächtigen, kriegsbereiten, aber weltbewegenden USA (Mars). Das war durchaus als Vorwurf an die europäische Adresse gemeint; schließlich könne, so Kagan, Europa aufgrund seiner militärischen Schwäche die Gefährlichkeit des Irak gar nicht erkennen: als wolle Europa nicht sehen, wogegen es ohnehin keine (militärischen) Mittel habe. Später stellte sich heraus, dass die USA aus dem Gefühl der eigenen militärischen Stärke heraus die Gefährlichkeit des Irak weniger verkannt als mit erfundenen Beweisen selbst herbeigefälscht hatten. Und noch später haben die Franzosen (Europäer, Venus) dann die zögerlichen Amerikaner (Mars) in den Libyen-Einsatz hineingeredet.

2008 wiederum, im Jahr des Georgien-Krieges, schrieb Kagan sein Buch «Die Demokratie und ihre Feinde», in dem er den «Aufstieg Russlands» beschwört, das wohlhabender geworden und dessen militärische Macht zentraler Bestandteil seiner Außenpolitik sei, weswegen

Europa, dessen «postmodernes außenpolitisches Werkzeug für den Umgang mit traditionelleren geopolitischen Herausforderungen nicht konzipiert» sei, kaum mit dem neuen Aufsteiger fertig werden könnte. Kurz darauf stürzte Russland ökonomisch ab, während die Europäer im gesamten Mittleren Osten Soldaten stehen haben und (wenigstens einige von ihnen) in Libyen Krieg führten.

So, wie man die These oft schon anhand des Erscheinungsdatums erraten kann, so kann man den Wahrheitsgehalt solcher Bücher meist an der Lautstärke ablesen: Je lauter, desto falscher, je weniger tastend, desto weniger begreifend.

Irreale Realpolitik

Das Scheitern der Großthesen führte zunächst zu einer Renaissance der sogenannten Stabilitäts- oder Realpolitik, die sich am Machbaren orientiert oder an dem, was sie dafür hält. Eine solche Politik will die Welt nicht umstürzen, sie will sie lediglich neu arrangieren, und zwar keineswegs nach Maßgabe des Weltgeistes, sondern nach Maßgabe der eigenen Interessen. Zu dieser außenpolitischen Schule gehört selbstverständlich auch die Zusammenarbeit mit Diktatoren. Henry Kissinger, der zwischendurch für seinen Kleinmut verlacht worden war, kam zu neuen Ehren als Großmeister einer nicht zu großen Politik. Auch die Bundeskanzlerin führt ihn neuerdings wieder öfter im Munde. Über Jahrzehnte wohl der einflussreichste internationale Politikberater überhaupt, hat Kissinger erst Joschka Fischer und dann eben auch Angela Merkel, noch bevor sie in ihre Ämter kamen, in die höheren Weihen der Außenpolitik eingeführt. Sein außenpolitisches Prinzip besteht darin, möglichst wenig Idealismus zuzulassen, um Irrwege zu vermeiden. So warnte er beim Afghanistan-Feldzug vor zu viel Engagement: Wir «könnten (…) versucht sein, die US-Streitkräfte für den Wiederaufbau der Nation oder zur Befriedung des Landes einzusetzen. Das würde uns in ein Schlamassel befördern wie das, an dem die Sowjetunion verblutet ist.» Kissinger empfahl stattdessen eine rein militärische Operation, der er mit großer Leichtigkeit entgegensah: «Obwohl es sich um eine neue Art von Krieg handelt, lässt sich ein klarer Sieg prognostizieren. Terroristen sind nicht in der Lage, ein bestimmtes Gebiet permanent zu kontrollieren. Wenn sie es versuchen, wie etwa in Afghanistan und Kolumbien, kann man sie durch Militäreinsätze zur Strecke bringen.» Zehn Jahre später muss man sagen: Auch das war viel zu optimistisch gedacht. Weniger Idealismus bedeutet offenbar nicht sogleich mehr Realismus.

Politisch schaltete der Westen am Ende des letzten Jahrzehnts gleichwohl wieder auf Stabilität um. Hosni Mubarak, der ägyptische Diktator, wurde gestützt, der Iran nicht allzu massiv attackiert, und Europa arrangierte sich mit dem tunesischen Präsidenten Ben Ali ebenso wie mit Muammar al-Gaddafi, der Libyen jahrzehntelang unterdrückt und sich lange international terroristisch betätigt hatte. Mehr als nur Rücksicht nahm und nimmt man auf Saudi-Arabien, das Land, das mit seinen weltweit expandierenden Islamschulen mehr geistigen Terrorismus exportiert als jedes andere: Die parasitären Prinzen, die das Land und seine Ölquellen ausbeuten, sind Bündnispartner des Westens. Und auf den ersten Blick mag diese Stabilitätspolitik nach der Phase jener Kriege, die zugleich Anti-Terror- und Missionskriege waren, trotz ihres mitunter hartherzigen Realismus sympathisch erscheinen: Immerhin trägt sie ihre philosophischen Ansprüche nicht so vor sich her.

Sie trägt sie allerdings im Gepäck.

Sich beispielsweise mit den Regimen im Mittleren Osten zu arrangieren, sie sogar mit Waffenlieferungen und Milliardenhilfen zu unterstützen, das bedeutet ohne Frage, einen Zustand zu verlängern, der auf Dauer nicht stabil bleiben kann – es sei denn, man vertritt die Auffassung, dass «der» Araber oder «der» Moslem ohnehin nur unter der Knute leben kann. Ein rassistischer Ansatz, der kaum je offen vertreten wird und der doch nicht weit entfernt ist von einer Geopolitik, die den Charakter von Ländern und Völkern aus deren Geographie und Geschichte so zwingend ableitet, dass für freien Willen und echte Wenden kein Spielraum mehr bleibt. Determinismus ist die kleine Schwester der Geopolitik, Rassismus ihr böser Stiefbruder.

Hängt man dieser Sichtweise nicht an, dann heißt Stabilitätspolitik vor allem, dass man unausweichliche Veränderungen in die Zukunft verschiebt, genauer gesagt: auf einen Zeitpunkt, der uns besser in den Kram passt. Das eine nicht nachhaltige Politik zu nennen, wäre euphemistisch, denn während die Jahrzehnte vergehen, müssen Generationen von Menschen unter ihren Unterdrückern leiden. Stabilität ist das nur aus unserer Sicht. Aus der Sicht der anderen ist es die Zerstörung ihrer Familien, ihrer Gesundheit, ihrer Würde, ihres Lebens.

Die Realpolitik des Westens hat allerdings nicht bloß ein Problem mit der Nachhaltigkeit und mit der Moral, sie hat vor allem eines mit der Realität, und zwar zuallererst mit der eigenen und der in ihr liegenden Macht: Als man im Westen beschlossen hatte, die politischen Systeme des Mittleren Ostens durch ein paar Kriege umzustürzen, hat das nicht geklappt. In ungewohnter Einigkeit waren sich westliche Geheimdienste, die Öffentlichkeit und fast alle Intellektuellen anschließend sicher: In Arabien werde sich eben einfach nichts bewegen; wenn nicht mal Kriege des Westens helfen, dann hilft gar nichts, so lautete der unausgesprochene Konsens. Derartig fixiert war man auf die Folgenlosigkeit der eigenen Taten, dass man nicht sah, was sich tat, und als man schließlich beschloss, die Region doch lieber stabil zu halten, da brach die arabische Revolution aus. Was muss noch geschehen, bis der Westen sich daran gewöhnt, dass es nicht mehr nach seinem Willen geht, dass man erst hören muss, bevor man spricht?

Nur, wie realistisch war es eigentlich, auf den Erhalt der arabischen Regime zu setzen? Wie wahrscheinlich war es, dass der Mittlere Osten stabil bleiben würde? Wo doch alle Rahmendaten sagten, dass das Öl, das all die fehlkonstruierten, dysfunktionalen Staaten am Leben hält, in absehbarer Zeit knapp werden würde? Hinzu kam, dass die Herrschenden dort auf Bildung setzen mussten, weil ihre Länder sonst bald so arm würden, dass nichts mehr zum Ausbeuten da sein würde. Und falls Bildung zu neuen Ansprüchen führen sollte und das Internet zu neuen Möglichkeiten, wie lange sollte also der Mittlere Osten dann noch stabil bleiben? Abgesehen davon war diese Art von Herrschaft in Wahrheit längst nicht mehr stabil, vielmehr produzierte sie einen beträchtlichen Fallout an Wut und Terrorismus, auch an Flucht. Tatsächlich gab es ja schon lange vor dem Arabischen Frühling viel Instabilität, die allerdings exportiert wurde. Zu uns.

Nachdem nun erst die Umsturzpolitik des Westens an der Stabilität der arabischen Regime gescheitert ist und danach die Stabilitätspolitik an der arabischen Rebellion, hat der Westen keine leidlich konsistente Strategie für den Mittleren Osten mehr: Er unterstützt den Wandel in Ägypten und Tunesien, er erzwang ihn in Libyen, er tut fast nichts gegen den Krieg des syrischen Staatschefs gegen sein Volk, er duldet die Niederschlagung der Proteste in Bahrain, er stützt weiterhin die islamistische

Monarchie in Saudi-Arabien, er beginnt, sich aus dem Irak und aus Afghanistan zurückzuziehen. Das ist der Zwischenstand nach zehn Jahren intensivsten westlichen Engagements in der Region. Das gehört zum Rahmen, in dem das neue, freiere Deutschland steht. Oder sollte man lieber sagen: Es gibt gar keinen Rahmen.

Stabilitätspolitik ist eben allzu oft nur Wunschdenken mit grimmigem Gesicht, und eine deutsche Politik, die sich möglichst weit vom Militärischen entfernt zu halten versucht, würde zu diesem Wunschdenken genauso neigen wie jede andere. Man sieht, was man sehen möchte. Und doch wird Arabien nicht mehr jahrzehntelang stabil bleiben, sondern es wird Umbrüche geben, und einige davon werden wahrscheinlich gewalttätig sein und damit die Frage militärischer Intervention aufwerfen. Der Westen kann den Diktatoren gar nicht genug Geld und Waffen geben, um das zu verhindern.

Das Recht der Völker

Wenn die Weltordnung diffus geworden ist, wenn das Bündnis nicht bindet und sich obendrein seiner selbst unsicher ist, wenn die Großthesen widerlegt sind, wenn die Realpolitik sich allzu oft vertut, wenn Stabilitätspolitik keine Stabilität bringt, woher kommt dann, bitte, Orientierung – zumal in Sachen Krieg und Frieden? Vielleicht vom Recht? Vom Völkerrecht? Das jedenfalls strömt nicht den Schwefelgeruch der Realpolitik aus, es ist umweht vom Geist des Friedens und der Utopie. Und das ist hier noch nicht einmal ironisch gemeint.

Denn wie soll man sich die Zukunft anders wünschen als so: In der künftigen internationalen Politik herrscht das Recht genauso wie innerhalb der Staaten, und wer dagegen verstößt, wird ohne Ansehen seiner Größe oder Macht zur Rechenschaft gezogen. Dazu bilden alle Staaten eine Art oberstes Gericht und eine überstaatliche Polizei. So wird es irgendwann hoffentlich sein. Zurzeit ist es aber noch so: Die lupenreinen Demokratien stellen nicht die Mehrheit der UN-Vollversammlung, und im UN-Sicherheitsrat, ohne dessen Zustimmung jeder Krieg als völkerrechtswidrig gilt, sitzen mit Russland und China zwei mächtige autoritäre Staaten, die über ein Vetorecht verfügen. Beide haben ein genuines Interesse daran, dass die Kontrolle des eigenen Volkes oder die Sicherung der eigenen Einflusszone durch militärischen Druck nicht geahndet werden – schon deswegen, weil weder Russen noch Chinesen sich selbst dieses Recht nehmen lassen wollen. Darum enthält das Völkerrecht in seiner heutigen Form gewissermaßen einen Freifahrtschein für Diktatoren, innerhalb der eigenen staatlichen Grenzen mit ihren Völkern zu verfahren, wie es ihnen beliebt. Es sei denn, sie überschreiten dabei die Grenze zum Genozid: Dann kann es sein, dass es Ärger gibt. Muss aber nicht. Das Recht zwischen den Völkern schützt das Unrecht an den Völkern. Ein Recht aber, das nur dann Bestand hat, wenn die Völkergemeinschaft tatenlos tausendfachem Unrecht zuschaut, kann auf Dauer keinesfalls legitim sein.

Hinzu kommt, dass die Art von Kriegen, auf die hin das Völkerrecht einmal konzipiert war, künftig seltener sein wird. Der Berliner Politikwissenschaftler Herfried Münkler formuliert es so: «Auch wenn sie für die Zukunft nicht gänzlich auszuschließen sind, so sind zwischenstaatliche Kriege im klassischen Sinn, also Kriege, wie sie die europäische Geschichte vom 16./17. bis ins 20. Jahrhundert gekennzeichnet haben, in hohem Maße unwahrscheinlich geworden.»

Wegen der neuen asymmetrischen Kriege, mehr noch wegen seiner tiefen inneren Widersprüchlichkeit konnte das Völkerrecht in den letzten Jahrzehnten die internationale Politik kaum je definieren: Der Krieg gegen den Irak zur Befreiung Kuwaits war legal, der gegen denselben Irak wegen angeblicher Massenvernichtungswaffen war es nicht. Der Afghanistan-Krieg gegen das Taliban-Regime und Osama bin Ladens Terrornetzwerk al-Qaida war legal, die Exekution Osama bin Ladens auf pakistanischem Boden war es nicht. Der Kosovo-Krieg, geführt zum Schutz einer verfolgten Minderheit, verstieß gegen das Völkerrecht, der Genozid in Ruanda wiederum wurde durch keinerlei Intervention gestört. Mit anderen Worten: Das Völkerrecht allein sagt wenig über die Legitimität eines Krieges.

Vielleicht muss man an dieser Stelle ein paar grundsätzliche Worte zur russischen Politik gegenüber westlichen Interventionen sagen, insbesondere zum Spiel der Russen mit dem Völkerrecht. Die Regierung in Moskau hat Slobodan Milošević immer als einen Verbündeten und Freund betrachtet. Die Russen haben in den neunziger Jahren keinen einzigen wirksamen Vorstoß zur Lösung der Probleme auf dem Balkan gemacht und ihren Freund Milošević nie von seiner mörderischen Politik abbringen können; trotzdem nahmen sie es sich heraus, im Sicherheitsrat gegen die Intervention der NATO zu stimmen. Einesteils, um ihre alten Freunde zu verteidigen, anderenteils, um die Legitimität des Westens zu schwächen. Und an dieser Sicherheitsratspolitik der Russen hat sich bis heute kaum etwas geändert. Zuletzt enthielt sich Moskau immerhin der Stimme bei der Libyen-Resolution 1973, die die Flugverbotszone völkerrechtlich legalisierte, allerdings um den Preis, dass die Resolution in einer Weise gefasst wurde, die von vornherein klarmachte: Die Alliierten würden eher früher als später an den Grenzen des Wortlauts der Resolution ankommen und dann wiederum an Legitimation verlieren. Dagegenstimmen wie im Falle des Kosovo oder Enthaltung wie in dem von Libyen dient demselben Zweck: Verteidigung meist aus der Vergangenheit stammender Interessen und Ansprüche sowie Delegitimierung, wenn möglich Spaltung des Westens. Die russische Resolutionspolitik ist also vor allem machtpolitisch motiviert, das Völkerrecht ein Werkzeug in ihren Händen. Und da Moskau selbst zur internationalen Ordnung oder zur Verhinderung von Massenmorden oder von Verbrechen gegen die Menschlichkeit wenig beiträgt, haben wir hier den speziellen Fall einer Großmacht ex negativo. Und solange das so ist, solange sich also weder die russische Politik ändert, noch das Völkerrecht reformiert wird, trägt es zur Frage der Berechtigung von Kriegen wenig bei.

Umgekehrt kann man auf das Völkerrecht auch nicht umstandslos verzichten, denn das würde auf eine schrankenlose Selbstermächtigung zur Intervention hinauslaufen, die selbst dann problematisch wäre, wenn sie nur von demokratischen Staaten ausgeübt würde. Schließlich können auch demokratische Staaten undemokratische Absichten verfolgen (und sie tun es). Das Völkerrecht bietet zudem im Idealfall den schwachen Staaten Schutz vor den starken.

Wohin nun mit all der neuen Offenheit? Das Völkerrecht ist kein fester Rahmen, sondern nur eine vage Orientierung. Die neue Weltordnung ist weder mit Gewissheit unipolar noch multipolar, noch bipolar (USA, China); Europa ist immer noch nicht abgehängt; Deutschland kein abgestiegener Superstar; Arabien kann sich befreien, ja, sogar Arabien; China kann zerbrechen oder selbst frei werden; Afrika kann zu blühen beginnen. Wir wissen das alles nicht. Leider, denn wir würden uns gerne darauf einstellen können. Gott sei Dank, denn unsere Unsicherheit ist die Nebenfolge neuer Freiheiten von Milliarden anderer Menschen. Was aber macht Deutschland aus dieser offenen Situation? Ist es dadurch ermüdet, oder fühlt es sich ermutigt? Verschweizert es, oder wird es eine Macht neuen Typs? Niemand vermag das in der jetzigen Situation zu entscheiden. Deutschland wird seine Position nicht aus abstrakten Prinzipien ableiten können, sondern seinen Weg, ganz undeutsch, im Gehen finden, aus Taten und Unterlassungen Schlüsse ziehen müssen, die dann wieder die nächsten Schritte mitbestimmen; es muss erkennen, wo der Weg sich gabelt. Deutschland wird sich wie bisher der Geschichte bewusst bleiben, es muss dabei jedoch, mehr als früher, wach sein für die Momente, in denen Geschichte sich vollzieht.

Und damit sind wir beim Fall Libyen.

6. Der Krieg in Libyen – Deutschland am Scheideweg

Der ein oder andere amtierende Bundeskanzler ist schon mal genervt von Helmut Schmidts öffentlichen Ratschlägen: denn als solche empfinden sie seine Artikel und Interviews oft. Er habe leicht reden, heißt es dann, schließlich stehe er nicht mehr in der Verantwortung. Diese Auffassung von geplagten und gejagten Amtsträgern ist menschlich verständlich und dennoch ungerecht. Schmidt macht es sich alles andere als leicht, er trägt mehr Geschichte mit sich herum als alle anderen Politiker, jedenfalls als die, die ich sonst kennengelernt habe. Nicht nur seine eigenen annähernd hundert Lebensjahre prägen sein Denken, er zieht auch Linien durch die letzten 500 Jahre, er zieht sie durch die Gegenwart hindurch und weiter bis zum Ende dieses Jahrhunderts. Manchmal ist darum er es, der an den jeweiligen Bundeskanzlern verzweifelt, weil er meint, bei ihnen Geschichtsvergessenheit festzustellen.

Eine seiner größten Befürchtungen ist, dass es wieder zu einer dauerhaften Konfrontation zwischen Muslimen und Christen kommen könnte. Die Tatsache, dass schon heute Millionen Muslime in Europa leben, ist ihm eher unbehaglich, den EU-Beitritt der Türkei lehnt er vor allem wegen des dann entstehenden Bevölkerungsdrucks im freizügigen Europa ab. Und die Mittelost-Kriege der letzten Jahre betrachtet er als Invasion in einen fremden Kulturraum, als eine Torheit sondergleichen.

Seine Vorstellungen von mehr Trennung und Distanz gegenüber den Muslimen teile ich nicht. Dass er vor vier Jahrzehnten als Bundeskanzler seine Zustimmung zum Familiennachzug der Türken gegeben hat, sieht er im Nachhinein als einen Fehler an, ich gratuliere ihm dazu. Auch in der Frage des Türkei-Beitritts zur EU sind wir anderer Meinung. Doch was die Bedeutung der westlich-islamischen Beziehungen angeht, besteht völlige Einigkeit zwischen uns.

Seit dem Jahr 2009 sitzt mit Özlem Topçu nun auch eine Redakteurin mit türkischen und muslimischen Wurzeln in der Freitagskonferenz mit am Tisch. Durch sie ist die Sensibilität dafür gestiegen, dass alles, was der Westen dem Islam antut, eine immense Wirkung auf die bei uns lebenden Türken, Araber und Iraner hat, und die geostrategische Grunddistanz zur Türkei und zum Mittleren Osten ist damit auch in der ZEIT gewissermaßen auf Armeslänge geschrumpft. Das hat nicht unbedingt Grundüberzeugungen verändert, aber eine neue Intensität in die Debatten gebracht und die Erkenntnis, dass hier alle Außenpolitik gleichzeitig Innenpolitik ist.

Was immer der Westen dem Islam in den letzten Jahren angetan und ins Gesicht geschrien hat – es ist nicht ohne den islamistischen Terror zu verstehen. Er war es, der die Konflikte sinnlos verschärfte. Und zur historischen Wahrheit gehört auch, dass sich die Mehrheit der Muslime nicht immer und nicht überall glaubhaft vom Islamismus distanziert hat. Dies vorausgeschickt, muss jedoch gesagt werden: Klug verhalten hat sich der Westen gegenüber den Muslimen in den letzten zehn Jahren nicht, ja nicht einmal respektvoll.

Was die Kriege gegen Saddam Hussein und gegen die Taliban unterm Strich für den Irak und für Afghanistan bedeuten werden, das lässt sich heute noch nicht sagen. Die Wirkung auf die Region war allerdings verheerend. Denn die westlichen Invasionen ließen jeden Freiheitswunsch als Fremdbestimmung erscheinen, und eine Demokratisierung wird unter solchen Umständen eher behindert als beschleunigt. Im Westen wurde daraus geschlossen, dass der Islam eben mit Freiheit nicht zu vereinbaren sei. Das bewiesen schließlich auch die Schwierigkeiten beim *nation building* im Irak und in Afghanistan. Grob gesagt gab es für den Westen seither zwei Sorten Muslime: solche, die keine Demokratie wollen, sondern lieber mit Terror den Dschihad in der ganzen Welt verbreiten; und solche, die keine Demokratie können, weil ihr Glaube (ihre Rückständigkeit, die Hitze, die Gene, die Tradition) dem im Weg steht. Diese Auffassung schlug sich im Westen, zumal in Europa, auch innenpolitisch nieder. Antiislami-

94

sche Parteien entstanden, die den Muslimen rundweg die Begabung zur Freiheit absprachen. Erstmals argumentierte der Rechtspopulismus nicht mehr selber illiberal, sondern warf den Muslimen Illiberalität vor, erstmals machte er keine Stimmung mehr gegen emanzipierte Frauen oder gegen Schwule, sondern dagegen, dass Muslime Probleme mit emanzipierten Frauen und mit Schwulen hätten. Bei der deutschen Debatte um die Thesen des Sozialdemokraten Thilo Sarrazin ging es besonders um die angebliche Bildungsunfähigkeit der Muslime.

War unser Umgang mit den Muslimen in den letzten Jahren innerhalb Europas hart und grob, so war er im Mittleren Osten resignativ und zynisch wie eh und je. Rückkehr zur Realpolitik, das hieß eben auch: Milliarden für die Diktatoren, Empfänge in allen Ehren, Gaddafis Zelte mitten in Paris, Waffenlieferungen, Polizeiausbildung, gemeinsame Geschäfte aller Art mit den Regimen, nicht selten zu Lasten der jeweiligen Völker. Eine Eiszeit war ausgebrochen, mit der man gut leben konnte, wenn man nicht dort unten leben musste.

Auf wessen Seite steht der Westen?

So war es bis zum 4. Januar 2011, als der Tunesier Mohammed Buazizi starb, nachdem er sich zwei Wochen zuvor selbst angezündet hatte. Der Mann war verzweifelt über seine unwürdigen Lebensumstände, mit seiner Tat löste er unversehens die Revolution in Tunesien aus. Araber, Muslime gar, kämpfen für die Freiheit? Tunesier versuchen, einen der schlimmsten Diktatoren der Region zu stürzen? Konnte das sein? Durfte das sein?

Der Westen, um noch einmal so pauschalisierend zu sprechen, war konsterniert. Zeitungen und Nachrichten-Portale im Internet berichteten ungerührt, die Aufstände «drohten» sich auszudehnen, «Realpolitiker», die eine tunesische Revolution bis zu jenem Tag für völlig unmöglich gehalten hatten, erklärten diese nun zu einem Einzelfall, der niemals um sich greifen werde, schon gar nicht in Ägypten. Die ganze Sache, so schien es, war dem Westen äußerst unangenehm, nicht nur den Franzosen, die inmitten des Umsturzes gewissermaßen in flagranti mit den dortigen Herrschern erwischt wurden. François Fillon, Frankreichs Regierungschef, geriet in die Kritik, weil er die Neujahrsferien mit seiner Familie in Ägypten verbrachte und sich von Mubarak mehrmals einladen ließ. Außenministerin Michèle Alliot-Marie hatte ihren Silvesterurlaub in Tunesien verbracht, und ihre Familie ließ sich zu Flügen im Privatjet eines tunesischen Geschäftsmannes einladen, der dem früheren Präsidenten Ben Ali nahestand. Außerdem hatte Alliot-Marie dem Diktator und seinen Polizeikräften französische Unterstützung bei der Niederschlagung des Aufstands angeboten. Ende Februar musste sie zurücktreten. Weltgeschichte kann so grausam sein.

Die Fragen, die sich dem Westen nun stellten, waren

bohrend und fundamental: Würde er es zulassen, dass der Umbruch in Nordafrika seine Ölinteressen tangiert? Würde er auch eine Revolution unterstützen, die nicht er selber, mit Waffengewalt oder mit Geheimdienstschlichen, herbeigeführt hat? War das Freiheitsargument im Irak und in Afghanistan nur ein Vorwand für andere Interessen, oder war doch etwas daran? Würde der Westen weiterhin nur Regime von seinen Gnaden unterstützen oder sich den Unwägbarkeiten einer Revolution öffnen? Und innenpolitisch: Würde der Westen seine These von der Demokratieunfähigkeit des Islam nochmal einem Realitätstest unterziehen? Wenn ja, würde das in ganz Europa schmerzhafte Fragen aufwerfen, denn dann wären an den Schwierigkeiten bei der Integration der Muslime nicht nur deren Glaube schuld, sondern mindestens ebenso sehr die Umstände, in denen diese Menschen bei uns leben.

Und da war noch eine Frage, die heikelste vielleicht: Würde der Westen darauf setzen, dass die Revolution nicht auf andere Länder übersprang, dass die Diktatoren in der Nachbarschaft Tunesiens mehr Härte aufbrächten als Ben Ali, würde er diese Herren vielleicht heimlich dazu ermutigen?

Das alles war, seien wir ehrlich, für quälend lange Wochen völlig offen. Nun, an einer offenkundig historischen Wegscheide im Verhältnis zwischen dem Westen und dem Islam, würde es auf Taten ankommen. Insbesondere die letzte Frage, auf wen der Westen setzen würde, verlangte nach einer Antwort. Man muss sich noch einmal die Dynamik jener Wochen vor Augen halten: Der tunesische Diktator Ben Ali hatte nach wenigen Tagen aufgegeben und war ins saudi-arabische Asyl geflohen. Ernsthafte Versuche, die Rebellion mit Gewalt zu unterdrücken, hatte er nicht unternommen. Der Ägypter Hosni Mubarak war da schon aus anderem Holz geschnitzt, er hielt Wochen durch und zog zumindest einmal die Gewalt-Karte. Allerdings nicht konsequent genug, so wird sich Muammar al-Gaddafi gedacht haben. Der begann nach kurzem Zögern einen regelrechten Krieg gegen Teile des libyschen Volkes. Sollte er sich durchsetzen, so wäre das Signal an die Herrscher in der Region klar: Wendet nur entschieden genug Gewalt an, dann könnt ihr an der Macht bleiben – und der Westen wird stillhalten!

Die Glaubwürdigkeit des Westens war in der Region ohnehin gering. Jetzt verschärfte das anfängliche Zögern angesichts der arabischen Rebellion die Zweifel noch, nicht zuletzt, da von den USA und den Europäern wenig zu hören war, als Saudi-Arabien in Bahrain intervenierte, um die Demonstrationen niederzuschlagen. Auf welcher Seite stand der Westen wirklich? Bei der Entscheidung, ob Amerikaner und Europäer Gaddafi in den Arm fallen würden, wenn der sich anschickte, das angekündigte Massaker in der Hafenstadt Bengasi zu vollstrecken, stand das Verhältnis zwischen dem Westen und dem Islam auf der Kippe.

Meine eigene Haltung in der Libyen-Frage wurde damals weder von der deutschen Geschichte geprägt noch von Bündniserwägungen, gleichwohl spielte, auf ganz andere Weise als zuvor, Biographisches wieder eine wesentliche Rolle. Seit zehn Jahren spielt mein Sohn in Berlin Fußball, mit der Folge, dass sich unser Freundes- und Bekanntenkreis verändert hat, er ist vor allem muslimischer geworden. Einige tausend Stunden habe ich inzwischen am Rande von Fußballplätzen und bei zahllosen Elternabenden zugebracht, und zunehmend hat man sich auch gegenseitig zu Hause besucht. Meistens haben wir über Fußball geredet, daneben aber auch über Politik und den Glauben. Und wir haben viel gestritten, schließlich, das wussten alle, bin ich politischer Journalist, obwohl kaum jemand von den Fußball-Freunden die ZEIT liest. Oft ging es um den 11. September und die darauffolgenden Kriege, und endlos hat mich ein Libanese von einer großen Verschwörung überzeugen wollen, versiert und unermüdlich vertrat ein Diplomat aus dem Oman seine antiimperialistischen Thesen. Ihnen gegenüber spielte ich die Rolle «des» Westens und wollte das auch, doch nach einer Weile drehten wir uns nur noch im Kreis.

Offen gestanden war ich froh, als der Irak und Afghanistan irgendwann aus den Schlagzeilen verschwanden. Erst mit der beginnenden arabischen Revolution belebte sich die politische Diskussion am Rande des Rasens wieder. Aber was heißt schon politisch? Für sie war das Geschehen pures Leben. Der Ägypter war euphorisch, obwohl sein Vater, daheim in Kairo, zu den Sicherheitskräften gehörte; der Algerier schämte sich ein wenig, weil in seiner Heimat noch nicht viel passiert war, hoffte aber auf eine Revolte; die Marokkaner waren eines Samstags ganz aus dem Häuschen, weil sie dachten, an diesem Wochenende gehe es auch in Rabat und Marrakesch los (was nicht stimmte). Mit einem Mal brachen neben Stolz auf die Rebellion auch all die Lebensgeschichten aus ihnen heraus, von denen man vorher nur in Andeutungen gehört hatte, und es waren viele Geschichten von Unterdrückung dabei, von zerbrochenen Plänen und verelendeten Verwandten dort unten. Und als dann in Nordafrika alles zu kippen drohte und der Westen – Deutschland – gefragt war, hätte ich da sagen sollen: Gut, das müsst ihr verstehen, als es in Afghanistan um unsere Sicherheit ging, da mussten wir eingreifen, ohne Mühen und Kosten zu scheuen, ohne Soldatenleben zu schonen, nun aber, da es um eure Revolution und eure Verwandten geht, können wir leider nichts tun?

Das diplomatische Desaster

Ich konnte das nicht. Die deutsche Regierung schon. Um das deutsche Drama verstehen zu können, das sich nun im Vorfeld der UN-Resolution 1973 abspielte, müssen wir die summarische Formulierung «der Westen», die ich bisher benutzt habe, beiseitelegen und an dieser Stelle festhalten: Im Folgenden geht es um die USA, um Frankreich und um Deutschland, nur um diese drei (selbst die Briten fallen hier etwas weniger ins Gewicht, weil sie am Ende üblicherweise so handeln wie die Amerikaner). Und das war nunmehr die Situation: Die Amerikaner fühlten sich moralisch unter Druck, nicht zuletzt weil sie, wie bei den Reden von Condoleezza Rice und Barack Obama in Kairo, in Nordafrika stets mit der Freiheit argumentiert hatten. George W. Bushs Außenministerin sagte am 20. Juni 2005: «Freiheit ist heute von undemokratischen Regimen bedroht. Manche glauben, das sei eine dauerhafte historische Tatsache. Aber es gibt andere, die es besser wissen.» Barack Obama drückte sich vier Jahre später vorsichtiger aus, dennoch ist seine Haltung zu den Menschenrechten klar: «Regierungen, die diese Rechte schützen, sind letzten Endes stabiler, erfolgreicher und sicherer.» Diese Worte verpflichten; auf der anderen Seite hatte sich das Land militärisch und ökonomisch so sehr überfordert, dass Obama der Sinn gewiss nicht nach einem weiteren teuren Krieg mit ungewissem Verlauf und Ausgang stand. Außerdem hatte man die Gefahr vor Augen, bei einer Intervention am Ende schlecht dazustehen; ausschließen ließ sich eben nicht, dass der erste Krieg in der Region, den man für Muslime führen würde, als ein weiterer Krieg gegen Muslime verstanden würde. So schlecht war das Image der USA in diesen Ländern, dass auch gute Taten als böse Machenschaften angesehen werden konnten. Der Präsident schwankte also in seinem Urteil.

Schwanken ist für gewöhnlich kein Zustand, der bei

Nicolas Sarkozy lange andauert, jedenfalls nicht so lange wie bei der Bundeskanzlerin. Doch ist das Vorpreschen Frankreichs bei der Libyen-Intervention mehr als nur eine Charakterfrage ihres Präsidenten. Nirgendwo sonst in Europa leben so viele Nordafrikaner wie in Frankreich: Kein Land ist in der Region so involviert, und kein Staat hat ein in dieser Hinsicht derart schlechtes Gewissen wie Frankreich, das sich dereinst so innig mit den Herrschern des Maghreb verbunden hatte, und kein europäisches Staatsoberhaupt hat auch nur annähernd so viele arabische Diktatoren geküsst wie Sarkozy. Frankreich hatte etwas gutzumachen.

Deutschland eigentlich auch. Wer die knieweichen Besuche von Außenminister Frank-Walter Steinmeier in Algerien oder von Angela Merkel in Mubaraks Ägypten miterlebt hat, den beschlich bei Ausbruch der arabischen Revolution nicht eben ein Gefühl großen Stolzes. Doch war all das nie so auffällig inszeniert wie bei den Franzosen. Zudem hatte Deutschland ein relativ edles Motiv für die diktatorenfreundliche Realpolitik, die man jahrzehntelang betrieben hat: Israel. Weil man etwa Hosni Mubarak für den Nahost-Friedensprozess brauchte, wurde er auch sonst nett behandelt; ohne ihn, so hieß der deutsche *common sense*, werde es keinen Frieden geben. Man hätte freilich nach all den Jahrzehnten mit Mubarak auch sagen können: Wenn einer weiß, wie es im Nahost-Konflikt zu keiner Lösung kommt, dann er. Hinzu kam, dass das von fast allen Außenpolitikern vertretene Dogma, dem zufolge der Nahost-Konflikt der Schlüssel für die ganze Region sei, soeben widerlegt worden war. Die arabische Revolution interessierte sich allenfalls beiläufig für Palästina; also konnte sich der Mittlere Osten auch ohne Frieden in Nahost umgestalten. (Was natürlich nicht heißt, dass die arabische Revolution zugleich den Nahost-Konflikt löst.) Vielleicht war der Zusammenbruch des Dogmas noch zu frisch und das Gewissen nicht schlecht genug, um nun endlich etwas zu tun; jedenfalls arbeitete das Außenministerium von Anfang an gegen eine Intervention in Libyen.

Lange Zeit ging die Regierung in Berlin davon aus, dass auch die Amerikaner gegen ein militärisches Engagement sein würden. Die am 26. Februar verabschiedete UN-Resolution 1970 lag jedenfalls noch ganz auf der deutschen Linie. In ihr werden Maßnahmen gegen das Gaddafi-Regime beschlossen, jedoch ohne die Drohung mit Waffengewalt.

Und tatsächlich setzte Barack Obama die Hürden für die Einrichtung einer Flugverbotszone sehr hoch. So wollte er dafür nicht nur einen Beschluss des UN-Sicherheitsrates, sondern zusätzlich die Zustimmung und Beteiligung arabischer Staaten, namentlich der Arabischen Liga. Obama tat das, so interpretierten es deutsche Diplomaten in Washington, in der sicheren Erwartung, dass diese Bedingungen niemals erfüllt würden. Derweil arbeiteten sich Gaddafis Truppen unter Einsatz der Luftwaffe immer weiter in den Osten Libyens Richtung Bengasi vor.

Am 10. März forderten Nicolas Sarkozy und der britische Premier David Cameron in einem gemeinsamen Brief schließlich doch die Einrichtung einer Flugverbotszone. Angela Merkel und ihr Außenminister konnten infolgedessen innerhalb des westlichen Bündnisses nur noch darauf setzen, dass die USA am Ende nein sagen würden.

Überraschenderweise wurde dann bereits am 12. März eine wichtige Bedingung des US-Präsidenten für einen Einsatz erfüllt: Die Arabische Liga sprach sich für eine Flugverbotszone aus. Dennoch blieb beispielsweise US-Verteidigungsminister Robert Gates hinsichtlich eines Einsatzes skeptisch, was er seinem Amtskollegen Thomas de Maizière bei dessen Besuch am 15. März auch mitteilte.

Was zwischen diesem Besuch und der Verabschiedung von Resolution 1973 zwei Tage später geschah, war ein höchst ungewöhnlicher Meinungswechsel des US-Präsidenten und ein beispielloser Kontrollverlust der deutschen Diplomatie.

Am Abend des 15. März kippte im Weißen Haus die Stimmung. Hillary Clinton, die Außenministerin, Samantha Power, eine einflussreiche Beraterin des Präsidenten, sowie die UN-Botschafterin Susan Rice votierten für einen Militäreinsatz, und Robert Gates geriet ins Hintertreffen. (Dass es sich bei den treibenden Kräften um drei Frauen sowie den französischen Präsidenten handelte, verlieh in den Augen vieler alter außenpolitischer Kämpen der ganzen Sache übrigens von vornherein den Ge-

ruch des Idealistisch-Unseriösen, «Mädchenkrieg» eben.)
Am nächsten Tag informierte Susan Rice ihren deutschen
Kollegen Peter Wittig über die neue Linie. Angeblich der
Zeitverschiebung wegen erfuhr die Bundesregierung davon erst am Nachmittag des 16. März. Parallel dazu verkündete Russland, kein Veto einlegen zu wollen, womit
klar war, dass auch China nicht dagegen stimmen würde,
weil es nicht als einziger Blockierer dastehen wollte.

Für die Bundesregierung ging es von da an nur noch
um die Frage von Zustimmung oder Enthaltung. Angela
Merkel gab der «Saarbrücker Zeitung» ein Interview, das
am 17. März erschien: «Eine militärische Intervention
allerdings sehe ich skeptisch. Als Bundeskanzlerin kann
ich uns da nicht in einen Einsatz mit äußerst unsicherem
Ende führen.» Zudem erlaubte sie sich mit dem Hinweis,
sie sei immer schon skeptisch gegenüber Gaddafi gewesen, noch eine Spitze gegen den französischen Präsidenten.

Es schien, als hätte sich die Bundesregierung diplomatisch und öffentlich zu sehr festgelegt, um in der kurzen
verbleibenden Zeit noch umsteuern zu können. Jedenfalls hob der darüber alles andere als glücklich wirkende
deutsche UN-Botschafter Wittig am 17. März im UN-
Sicherheitsrat gemeinsam mit seinem russischen und
chinesischen Kollegen den Arm zur Enthaltung. Deutschland allein im Westen.

Der chaotische Ablauf der Ereignisse lässt keine ein-
deutige Antwort auf die Frage zu, ob es der deutschen

Regierung so wichtig war, nicht in diesen Krieg hinein-gezogen zu werden, dass sie dafür in Kauf nahm, allein gegen alle westlichen Nationen zu stehen, oder ob man da nur in etwas hineingestolpert war. Jedenfalls hatte man offenbar zu lange gedacht, eine solche Zuspitzung würde der deutschen Politik erspart bleiben.

Es hat also nicht eine neue Doktrin zu neuem Handeln geführt. Wenn, dann ist es umgekehrt, dann ist aus einem halb absichtlichen, halb versehentlichen Handeln eine neue Doktrin hervorgegangen.

Die tieferen Gründe für den «Unfall»

Zunächst einmal wollen wir idealtypisch davon ausgehen, dass die Bundesregierung sich anfangs, vor allen anderen taktischen Erwägungen, ein Bild von der Sache selbst gemacht hat: Sind wir, die schwarz-gelbe Regierung, für oder gegen einen Militäreinsatz gegen Gaddafi? Immer wieder wurde von Regierungspolitikern gesagt, diese Ent-scheidung sei sehr knapp ausgefallen, von «51 zu 49 Pro-zent» war die Rede. Auch teilte man ja, wie immer wieder betont wurde, alle Ziele der Alliierten, einschließlich des Sturzes von Gaddafi. Die deutsche Regierung war also nicht mit aller Entschiedenheit gegen einen Einsatz, was womöglich ihr Starren auf die USA erklärt.

Dahinter dürfte auch eine bestimmte Wahrnehmung der deutschen Außenpolitik stehen, die sich traditionell an den Bündnispartnern orientierte, vor allem an den USA. Diese Wahrnehmung ist jedoch einseitig; schließlich haben deutsche Regierungen wiederholt an neuralgischen Punkten der Geschichte zuerst diskret die Amerikaner überzeugt, um sich hernach öffentlich deren Führung anzuvertrauen. So war es bei Willy Brandts Ostpolitik, bei Helmut Schmidts Nachrüstung und auch bei Helmut Kohls Einsatz für eine rasche Wiedervereinigung nach dem Fall der Mauer. Darum ist die Frage vorschnell, warum es der amtierenden Bundesregierung und ihren Diplomaten nicht gelang, den raschen Bewegungen der US-Regierung in der Causa Libyen zu folgen. Die erste Frage muss sein, warum sie beim Arabischen Frühling nicht selbst – natürlich diplomatisch und unauffällig – die geistige Führung übernommen hat.

Sicher war es auch der Bundeskanzlerin und dem Außenminister bewusst, dass an einigen entscheidenden politischen Momenten der jüngeren Vergangenheit deutsche Bundeskanzler gegenüber den USA die strategische Initiative übernommen hatten. Wenn die beiden es also versäumt haben, dasselbe auch diesmal zu versuchen, dann hatten sie die Situation seit Beginn der arabischen Revolution im Januar möglicherweise strategisch unterschätzt.

Dass die USA im Mittleren Osten jahrzehntelang eine maßgebliche Rolle gespielt haben, hat eine Fülle von Gründen, aus denen drei herausragen. Zum einen sind sie die Schutzmacht Israels, und solange der Nahost-Konflikt als die alles entscheidende Frage der Region angesehen wurde, hieß das auch, dass die USA die Kontrolle behalten wollten. Zum Zweiten richtete sich der internationale Terrorismus am meisten gegen die USA, die darauf mit den beiden Kriegen im Irak und in Afghanistan reagiert haben, was sie noch mehr involviert hat. Nicht zuletzt hatten nur die USA die militärische Potenz, in diesen Ländern als Hegemon aufzutreten.

Die arabische Revolution hat nun den Faktor Israel relativiert und bloßgelegt, dass der Nahost-Konflikt eben nicht der alleinige Verständnis-Schlüssel für die gesamte Region ist. Als die arabische Straße aufzubegehren begann, wurden keine israelischen Fahnen verbrannt: Man hatte schlicht andere Sorgen. Die Kosten für beide Kriege wiederum standen aus Sicht der USA in keinem vernünftigen Verhältnis zu den Erfolgen, was wiederum die militärische und wirtschaftliche Macht der USA so schwächte, dass man anfing, im Mittleren Osten den Rückwärtsgang einzulegen. Barack Obama verhielt sich beim Nahost-Konflikt zur Überraschung vieler Beobachter zögerlich, und mit Blick auf Afghanistan und den Irak ging es ihm vornehmlich um den Rückzug. Wann würden wie viele US-Soldaten heimkehren können? Das war inzwischen die wichtigste Frage der Amerikaner zum Mittleren Osten geworden.

Beginnende Entmilitarisierung, mögliche Demokratisierung, wirtschaftliche Verlebendigung – all das dürfte unter diesen Umständen dazu führen, dass der Mittlere

Osten, vor allem aber die mit Europa besonders eng verbundenen Staaten des Maghreb, zu einer natürlichen Einflusssphäre der Europäer werden. Die Araber verkaufen die meisten ihrer Güter nach Europa, sie kaufen auch am meisten dort und fliehen, wenn sie denn fliehen müssen, bevorzugt in europäische Länder. Europa und Arabien trennt, das merkt man nun immer deutlicher, nur ein recht kleines Meer. Wenn das aber so ist, genauer: wenn der Arabische Frühling zu einer Re-Europäisierung unserer Mittelmeer-Nachbarn führt, dann ist das Verhältnis zwischen dem Westen und der Region, den Arabern und dem Islam, für Europa künftig wichtiger als für die USA.

Militärisch gesehen fiel die Libyen-Krise in eine Phase, in der die Amerikaner im Ganzen schwächer wurden, auch müder, die Europäer allein aber noch immer bei weitem nicht stark genug waren, um das Regime Gaddafis in die Knie zu zwingen. Folglich lag es im ureigenen Interesse der Europäer, die Amerikaner für einen Einsatz zu gewinnen, nicht umgekehrt.

Angela Merkel und Guido Westerwelle mögen die strategisch veränderte Lage zu spät erkannt haben oder es einfach anders sehen. Andere Triebkräfte dürften bei ihnen eine Rolle gespielt haben. Die Libyen-Politik des Außenministers etwa lag ganz auf jener Linie, die er schon beim Libanon-Einsatz vertreten hatte, und im Rückblick kann man wohl sagen: Er wandte sich damals nicht gegen eine deutsche Beteiligung, weil er Israel nicht helfen wollte, er und Merkel wollten auf den Spuren Gerhard Schröders die wachsende Aversion der Deutschen gegen militärische Beteiligungen bedienen. Das jedenfalls würde erklären, mit welcher Sturheit und Verve, mit welch fragwürdigen vorzeitigen Festlegungen er in den Libyen-Prozess hineingegangen ist. Im Wissen um den Pazifismus der Mehrheit versuchte er, sich mit einer entsprechenden Politik zu profilieren. Heraushalten um fast jeden Preis, das scheint die Devise des Außenministers gewesen zu sein.

Guido Westerwelle eignet sich immer gut als Sündenbock der deutschen Politik. So hat man das diplomatische Desaster im Sicherheitsrat, mitunter auch die Enthaltung selbst, ihm angehängt. Nun kann man darüber spekulieren, ob Angela Merkel mit einem Außenminister Joschka Fischer an ihrer Seite dieselbe Entscheidung getroffen hätte (wohl kaum), und doch war sie die Kanzlerin, hat sie die letzte Entscheidung getroffen und nicht Westerwelle. Warum also so und nicht anders? Erinnern wir uns noch einmal, wie sie auf den Alleingang von Gerhard Schröder beim Irak-Krieg (immerhin noch an der Seite Frankreichs) reagiert hat, an ihre Worte: «Die wichtigste Lektion der deutschen Politik – nie wieder sollte Deutschland allein stehen – wurde anscheinend mit Leichtigkeit von der Bundesregierung beiseitegewischt.» Offenbar ist Angela Merkel in den neun Jahren zwischen ihrer scharfen Polemik gegen Schröder und ihrer eigenen Verschärfung seines Kurses weite Wege der Erkenntnis gegangen. Und wie so oft hat sie die Öffentlichkeit kaum

daran teilhaben lassen, auch die amerikanischen Bündnispartner nicht, die sich in Hintergrundgesprächen nach
der Libyen-Entscheidung doch recht überrascht gaben
von Merkels neuer Politik.

Angela Merkel lernt viel, sie ist klug und pragmatisch,
doch lernt sie im Verborgenen – und manchmal lernt sie
zu radikal. So war es zuletzt nach dem Atom-Unfall von
Fukushima, als sie nicht nur ihren sechs Monate jungen
Beschluss zur Laufzeitverlängerung zurücknahm, sondern eine Energiewende einleitete, die noch die Pläne
von Rot-Grün übertraf, und alles binnen weniger Tage. So
war es auch in ihrer neoliberalen Phase: Auf dem Leipzi-
ger Parteitag im Herbst 2003 wurde sie von der Mehrheit
ihrer Parteifreunde für ein harsches Reformprogramm
gefeiert, vom Wähler später aber schwer abgestraft. Ihre
Beinahe-Niederlage bei der Bundestagswahl 2005 zwang
sie in eine Koalition mit der SPD und zu einer sehr sozial-
demokratischen Politik. Die behielt sie dann aber auch in
der Koalition mit der FDP bei.

Ähnlich verhält es sich allem Anschein nach auch in
puncto Bündnisloyalität und militärischer Intervention.
Gehen wir zurück ins Jahr 2004. Es war Anfang Mai und
schon sehr heiß. Angela Merkel und ihre Sprecherin Eva
Christiansen sind zu einem Interview mit der ZEIT gekommen. Zusammen mit Matthias Geis, Jan Ross und einem Stenographen sitzen wir in einem winzigen Neben-
raum des Deutschen Bundestages. Die Atmosphäre ist
gereizt, ein zähes schweißtreibendes Ringen beginnt. Der

Irak-Krieg ist wegen der Berichte über Folterungen durch US-Soldaten gerade in seiner tiefsten Legitimationskrise angekommen – und wir fragen die Oppositionsführerin Merkel nach ihrer Verantwortung als Befürworterin dieses Krieges. Doch sooft wir es auch versuchen, an keiner Stelle geht sie auf unsere Formulierung «Befürworterin» ein, sie umschifft ihr Ja zum Irak-Krieg und rettet damit ihre Reputation. Tatsächlich hat sie nie wörtlich ja gesagt, aber wie anders sollte man ihre Tirade gegen Schröder verstehen? Wer hat sie anders verstanden? Verärgert verließen wir den Bundestag, denn Angela Merkel ist uns (wie anderen Medien auch) in dieser Sache ausgewichen und somit davongekommen, und politisch wurde sie für ihre Sympathie mit dem Irak-Krieg nie voll in Haftung genommen. Knapp hat sie sich vor den Folgen ihres Fast-Jas, ihres Super-Atlantizismus gerettet. Und was hat sie hernach gedacht? Sie hat offensichtlich gelernt, dass den Deutschen ihr Pazifismus noch wichtiger ist als ihre Bündnistreue, dass sie in einen falschen Krieg auch nicht mit den richtigen Freunden gehen wollen und dass ein Politiker, der das ignoriert, keine Wahlen gewinnen kann.

Reise der Versöhnung

Die Mehrheit der Bevölkerung stand erwartungsgemäß hinter Merkels Entscheidung, sich an der Einrichtung einer Flugverbotszone in Libyen nicht zu beteiligen. Etwas anders verhielt es sich in der Öffentlichkeit. Zwar forderten nur wenige offen eine Beteiligung an dem Einsatz, dennoch war die Kritik an der Bundeskanzlerin und an ihrem Außenminister heftig – und verlogen. Die meisten Journalisten der außenpolitischen Kommentargemeinde argumentierten, dass Deutschland aus Bündnis-Rücksichten hätte zustimmen können, um sich dann doch nicht wirklich zu beteiligen. Das war natürlich Unfug, denn schon bei der ersten logistischen Krise der Militäroperation, die ja dann auch nicht lange auf sich warten ließ, wäre der Ruf nach deutschen Flugzeugen und Schiffen laut und zwingend geworden.

Den Konflikt zwischen Loyalität und Pazifismus, zwischen Freundschaft und Mehrheit lösen zu wollen, indem man ihn schlicht für inexistent erklärt – diese Haltung sagt einiges über die außenpolitische Community in Deutschland aus. Diese ist zu großen Teilen in den achtziger Jahren mit einer starken Fixierung auf die USA politisch groß geworden, mit einer beträchtlichen Angst vor dem Wort «Sonderweg». Den außenpolitischen Experten und Kommentatoren war noch gut in Erinnerung, dass George W. Bush den deutschen Kanzler für sein Nein zum Irak-Krieg jahrelang mit Missachtung gestraft hatte. Nun fürchteten sie das erneut.

Ob Barack Obama sich gegenüber Angela Merkel so verhalten würde wie Bush gegenüber Schröder, das sollte sich rasch zeigen. Anfang Juni reiste die Kanzlerin nach Washington, wo sie aus der Hand des Präsidenten die

Friedensmedaille erhalten sollte. Der Termin und die Ehrung waren vor der Libyen-Entscheidung festgelegt worden, als solche also noch kein klares Indiz für die Gnade oder Ungnade, die Merkel in Washington erwarten würde. Und in ihren öffentlichen Auftritten in der amerikanischen Hauptstadt ließen Kanzlerin und Präsident an ihren Differenzen dann keinen Zweifel. Obama sagte bei einer Pressekonferenz der beiden im Weißen Haus, man habe in Libyen ein «Abschlachten» verhindern wollen, Merkel betonte, dass sie alle Ziele des Bündnisses teile, beschränkte sich ansonsten aber darauf, besonders viel deutsches Engagement für die Zeit zu versprechen, wenn Gaddafi gestürzt sei. Das war es allerdings auch schon mit den Differenzen. Der Rest der Reise war ganz großes politisches Kino, wie es nur die Amerikaner können: Barack Obama fuhr für die Bundeskanzlerin alles auf, was das amerikanische Ehrerbietungsprogramm in petto hat. Nicht nur die Medaille, die höchste zivile Auszeichnung, verlieh er ihr, er überreichte sie ihr obendrein auch noch bei einem abendlichen Staatsdinner im Rosengarten des Weißen Hauses. Am Morgen schon war Merkel mit militärischen Ehren empfangen worden, die für deutsche Augen und Ohren ebenso beeindruckend wie irritierend wirkten. Wiewohl der Präsident im direkten Umgang als verschlossen und nüchtern gilt, kann er öffentlich bekanntermaßen äußerst charmant sein, und so war er auch hier, vor den Soldaten in ihren phantasievollen Uniformen und bei strahlendem Wetter: «Wir beide sehen anders aus als unsere Vorgänger», sagte er zu ihr, und gemeint war: ich, der Schwarze, du, die Frau. Und als ob Obama den Deutschen alle Bestrafungsängste oder -wünsche für immer ausreden wollte, bezeichnete er Deutschland als «indispensable nation», als eine unentbehrliche Nation, ein Adjektiv, das die Amerikaner sonst sich selbst zuschreiben. Mehr geht nicht. Das also war die amerikanische Antwort auf die deutsche Untreue.

Warum hat Obama das getan, warum hat er belohnt statt zu strafen? Sicherlich denkt er, anders als sein Vorgänger, weniger in den Kategorien von Freund und Feind oder Treue und Verrat, sondern weitaus pragmatischer: Ein Feind mehr ist eine Option weniger. Aus diesem Blickwinkel wäre es töricht, Deutschland in die Ecke zu stellen: Obama braucht das Land und diese Frau, so wie er andere braucht.

Man darf davon ausgehen, dass Angela Merkel mit ihrer Libyen-Politik nicht austesten wollte, wie viel Alleingang sie sich im Bündnis leisten kann und wie viel Schaden sie dafür in Kauf zu nehmen hat. Dennoch hat sie es spätestens im Rosengarten des Weißen Hauses herausgefunden. Der Fall Libyen und die Reise nach Washington brachten eine klare Antwort auf die Frage, ob Deutschland dann und wann allein gegen das Bündnis stehen kann, ohne dass dies zu dauerhaften Verstimmungen und zu diplomatischen Verwerfungen führt. Die Antwort lautet: ja. Die neue Freiheit im Bündnis bedeutet auch Sanktionsfreiheit. Das von der Mehrheit der deutschen außenpolitischen Experten empfohlene Vorgehen – zustimmen, ohne mitzumachen – war also nicht nur unmöglich, es war auch unnötig.

Und das wiederum heißt: Angela Merkel ist die Kanzlerin, die den letzten Schritt zur deutschen Emanzipation im Bündnis und von Amerika gegangen ist. Und Barack Obama ist der US-Präsident, der diese neue Politik beglaubigt hat.

Die Merkel / Westerwelle-Doktrin

Trotz alledem fühlte sich Angela Merkel in jenen Wochen und Monaten unter einem gewissen Erklärungsdruck, der weniger von der Öffentlichkeit oder von den Bündnispartnern zu kommen schien als aus ihr selbst heraus. Jedenfalls hörte man von ihr immer wieder Begründungen, warum der Militäreinsatz falsch sei. An die große Glocke konnte sie ihre Argumente nicht hängen, denn das wäre als dauernde Kritik an Franzosen, Briten und Amerikanern wahrgenommen worden. Ohnehin hatte sich die Regierung in eine verquere Position gebracht: Nur ein Scheitern des Einsatzes hätte die deutschen Bedenken bestätigt. Doch ein solches Scheitern hätte zu einem Desaster geführt, das auch an den Deutschen nicht spurlos vorbeigegangen wäre. Folglich musste man hoffen, widerlegt zu werden. (Und man wurde mittlerweile widerlegt. Mit der NATO als Luftwaffe gelang es den Rebellen, Gad-

dafi zu stürzen. Libyen ist nun frei. Natürlich auch frei,
eigene Fehler zu machen.)

Um diese schwierige psychologische Lage seinerzeit
zu bestehen, bestärkten sich die Politiker der Regierung
gegenseitig in ihrer Ablehnung einer militärischen Beteiligung, ja, sie verwöhnten einander mit schlechten
Nachrichten von der Front und mit despektierlichen
Bemerkungen über die Alliierten und versuchten in Hin-
tergrundkreisen, die Journalisten von ihrer Linie zu überzeugen.

Nicht der Verstoß gegen die Bündnistreue stellte bei
der Libyen-Entscheidung also die größte Gefahr für die
deutsche Politik dar, sondern der Umstand, dass nun, in
der Zeit nach dem Krieg, im Halbschatten der Öffentlichkeit aus einem diplomatischen Unfall eine neue außenpolitische Linie werden könnte, eine zusammengeraunte
und -gemurmelte neue Doktrin. Nennen wir sie die «Merkel / Westerwelle-Doktrin».

Dabei ist zu bedenken: Die Deutschen neigen ohnehin
zur Überhöhung, sie brauchen viel Begründung für wenig Tun, und hinzu kommt noch – auch das kann man
in diesen Zeiten lernen –, dass kleine Länder kleine Ausreden, große Länder nun einmal große brauchen. Leider
ist Deutschland nicht Holland.

Wenn wir die öffentlichen, halböffentlichen und inter-
nen Äußerungen alle richtig mitbekommen und verstanden haben, dann lauten die gesammelten Begründungen
der deutschen Regierung wie folgt:

Erstens: *Die Motive der Alliierten sind unrein.* Dabei wird unterstellt, dass Amerikaner, Briten und Franzosen andere Motive für die Flugverbotszone hatten, als sie öffentlich verkündet haben, also nicht die Abwendung eines Massakers in Bengasi. Damit wird nicht bloß behauptet, dass es tatsächlich von Anfang an um mehr, nämlich um den Sturz von Gaddafi ging, was ja stimmt und was die Bundesregierung selbst auch befürwortet, sondern darüber hinaus, dass Barack Obama nicht nervenstark genug war, um einem Massaker zuzusehen, wenn die Kameras der Welt darauf gerichtet sind. Über die europäischen Bündnispartner wiederum wird gesagt, es sei ihnen eigentlich um Öl-Interessen gegangen: So hat es Guido Westerwelle in Hintergrundgesprächen nahegelegt, und sein Parteifreund, Entwicklungshilfeminister Dirk Niebel, platzte damit am 24. März sogar in der Talkshow von Maybrit Illner heraus: «Ist ja schon bemerkenswert, dass gerade die Nationen munter in Libyen bomben, die noch Öl von Libyen beziehen.» Wohl noch nie hat ein deutscher Minister öffentlich derart herablassend und denunziatorisch über Alliierte geredet. Wenn man solche Kritik an den eigenen Freunden ernst nähme und als Kriterium für künftige Krisen- und Kriegsfälle festhalten wollte, dann müsste dieser Teil der Doktrin lauten: *Nur Kriege, die mit unvermischt lauteren Motiven geführt werden, sind gerechtfertigt.* Dann würde die Weltgeschichte der legitimen Kriege ein schmales Büchlein. Und dann stünde darin sicherlich nicht der Afghanistan-

Krieg, auch nicht der zur Befreiung Kuwaits – und seines Öls.

Zweitens: *Niemand kennt die Rebellen von Bengasi. Und woher hatten die eigentlich auf einmal ihre Waffen?* Anders als in Tunesien und in Ägypten haben sich die Oppositionellen in Libyen nicht auf gewaltfreie Mittel beschränkt. Allerdings sind Ben Ali und Hosni Mubarak auch nicht mit der Luftwaffe gegen ihre Gegner vorgegangen. Dass man die Rebellen nicht kannte, ist überdies so nicht richtig, sogar Journalisten konnten sich ein Bild von ihnen machen, ganz abgesehen davon, dass das genau genommen mehr eine Frage an das Funktionieren der deutschen Geheimdienste als an die Legitimität dieses Kriegs war. Dennoch sollte unterstellt sein, dass es sich bei den Aufständischen nicht um zuverlässige Demokraten gehandelt hat, dass sie nicht nur Freiheitsbedürfnisse hatten, sondern auch Stammesinteressen vertreten haben. Und was bedeutet das im Umkehrschluss? Teil zwei der neuen Doktrin hieße demnach: *Kriege zur Abwehr eines Massakers sind nur dann legitim, wenn die potenziellen Opfer unbescholten sind.* Dann jedoch hätte Deutschland sich niemals am Kosovo-Krieg beteiligen dürfen, bei dem die UÇK, eine bewaffnete Rebellen- und Mafiaorganisation, zum faktischen Bündnispartner der NATO avancierte. Und auch der Afghanistan-Krieg wäre verboten gewesen, denn dort hat man sich aktiv mit Warlords, Drogenbaronen und ähnlichem Gesindel zusammengetan, um die noch schlimmeren Taliban zu bekämpfen.

Drittens: *Wer in Libyen interveniert, der muss es auch im Jemen, in Bahrain und in Syrien tun.* In der Tat stellt sich die Frage, warum der Westen Assad tun lässt, was er Gaddafi verwehrt hat. Dennoch gibt es gute Gründe dafür, zum Beispiel den, dass man schon wegen der eigenen militärischen Kapazitäten nicht in Libyen und Syrien zugleich eingreifen kann; sodann den, dass die unbeabsichtigten Nebenfolgen einer Intervention in Syrien viel größer und unabsehbarer wären. Doch gegen solche realpolitischen Einwände ist der moralisch hyperkonsequente Ansatz immun. Er besagt, als dritter Teil der Doktrin formuliert: *Nur solche militärischen Einsätze sind legitim, die unter moralisch vergleichbaren Umständen sofort überall auf der Welt durchgeführt werden.* Wäre man zynisch, würde man der Regierung zurufen: Dann viel Freude beim Krieg in Pakistan, von wo aus al-Qaida mittlerweile operiert, deretwegen man in Afghanistan einmarschiert ist! Ernsthaft gesprochen kann ein politisches Prinzip niemals erst dann gelten, wenn es überall sofort umsetzbar ist. Die Geschichte leitet sich nicht aus rechtsphilosophischen Prinzipien ab, und auch das innerstaatliche Gewaltmonopol ist nicht durch einen Handstreich Gottes entstanden, sondern Schritt für Schritt. Abgesehen davon kann sogar der starke Westen nur zu Dingen verpflichtet sein, die er auch vermag. Ist es nicht eher verwunderlich, dass amtierende Politiker den Unterschied zwischen Dürfen und Müssen leugnen können? Würden sie das ernst meinen – es wäre das Ende von Politik.

Viertens: *Man muss die Dinge vom Ende her denken.* Oder, um es mit Angela Merkels schon zitierter Formulierung zu sagen: «Als Bundeskanzlerin kann ich uns da nicht in einen Einsatz mit äußerst unsicherem Ende führen.» Dies ist der am weitesten reichende Teil der neuen Merkel/Westerwelle-Doktrin. Er zeigt in deprimierender Klarheit, was geschehen kann, wenn das Bündnisargument nicht mehr zählt. Denn natürlich wusste niemand, wie der Krieg in Afghanistan, dem Angela Merkel zugestimmt hat, enden würde; hat sie also ihre Meinung über die Legitimität von Kriegen geändert? Oder hat sie dem Krieg in Afghanistan nur aus Bündniserwägungen zugestimmt, die ihr Gewicht mittlerweile verloren haben? Ebenso wenig wusste man genau, wie Slobodan Milošević auf das wochenlange Bombardement der Alliierten gegen serbische Ziele reagieren und wie danach der Balkan aussehen würde. Auch waren die Alliierten des Zweiten Weltkriegs keineswegs sicher, wohin das Bündnis mit der Sowjetunion führen würde, sie taten lediglich das moralisch Unabweisbare und das militärisch Machbare. Im Klartext bedeutet dieser vierte Teil der neuen Doktrin: *Nur solche Kriege sind verantwortbar, deren Ausgang nach menschlichem Ermessen gewiss ist.* Darin steckt natürlich ein Freifahrtschein für deutsche Skepsis, deutsche Apokalyptik. So sicher jedoch, wie wir, das Volk der Dichter und Zu-Ende-Denker, es gerne hätten, kann das Ende eines möglichen Krieges niemals sein. Das Bündnis mit der NATO war, wie bereits erwähnt, immer auch ein

Bündnis mit der Zuversicht, mit Nationen, die mit dem Zweiten Weltkrieg nicht nur Leid verbinden, sondern auch heroische, befreiende Erfahrungen.

Jedes einzelne Element dieser mehr geraunten als durchargumentierten Doktrin, erst recht aber alle zusammen bedeuten, dass sich Deutschland nie wieder an einem Krieg beteiligen kann. So wird es natürlich nicht kommen. Doch ist offenkundig geworden, dass die deutsche Politik zurzeit keine vernünftigen Kriterien für die Fragen von Krieg und Frieden besitzt. Auffällig ist stattdessen, dass die Kanzlerin und ihr Außenminister Argumentationsmuster verwenden, die dem antiimperialistischen Kontext entstammen. Aber auch wer von solchen Merkwürdigkeiten absieht, fragt sich, was die Deutschen aus alldem künftig schließen werden.

7. Richtige und falsche Kriege

In der klassischen Lehre wird zwischen gerechten und ungerechten Kriegen unterschieden. Das ist sehr hochgegriffen, und wahrscheinlich schwingt in dieser Kategorisierung noch die Vorstellung vom Heiligen Krieg mit. Doch geschieht in jedem Krieg so viel Schreckliches, Böses, Ungerechtes und Zufälliges, dass es ratsam erscheint, moralisch bescheidener zu sein und lediglich nach richtigen und falschen Kriegen zu fragen.

Denkbar wäre natürlich auch, Kriege in legale und illegale zu unterteilen. Das würde uns allerdings in arge Probleme bei der Untersuchung der Kriege der letzten beiden Jahrzehnte bringen, denn da war mindestens einer, der gegen das Völkerrecht verstieß, aber trotzdem richtig war, und mindestens einer, der vom Völkerrecht beglaubigt und wohl trotzdem falsch war.

Selbstverständlich darf man keinen Krieg führen, um die Richtigkeit einer These oder einer Kriegstheorie zu erproben. Und umgekehrt gibt es eine Pflicht, aus den Kriegen der Vergangenheit zu lernen, mit äußerster Sorgfalt, weil die Schlussfolgerungen aus den letzten Kriegen in der Regel die Entscheidung über die nächsten bestimmen. Was also hat Deutschland aus den Balkan-Kriegen, denen in Afghanistan und Irak und dem in Libyen zu lernen?

Erst als die deutsche Regierung vor der Libyen-Entscheidung stand, wurde öffentlich, wie sie über den Afghanistan-Krieg wirklich dachte. Man wolle, hieß es, auf keinen Fall an einem «dritten Wüstenkrieg» teilnehmen. Die drei Wüstenkriege sind, nach dieser Lesart, Afghanistan, Irak und eben Libyen; da jedoch allein die Amerikaner und Briten in alle drei Kriege involviert sind, kann das aus deutscher Sicht lediglich heißen: Nicht noch einmal lassen wir uns auf so ein Wüstenabenteuer wie in Afghanistan ein! Nur, warum nicht? Was soll das Wort «Wüste» in diesem Zusammenhang bedeuten? Markiert es den Übergang von der Geopolitik zur Gesteinspolitik? Wahrscheinlich nicht. Soll es bedeuten, dass wir Mitteleuropäer da unten nichts zu suchen haben, weil dort die Gesetze der Wüste gelten? Was die Regierung damit genau sagen wollte, ist nicht leicht zu erklären, doch lässt das Wort «Wüstenkrieg» schwerlich auf eine tiefgründige Analyse schließen.

Unternehmen wir einen anderen Versuch, aus den Kriegen der jüngeren Vergangenheit Schlüsse für die Zukunft zu ziehen.

Die beiden falschen Kriege: Irak und Afghanistan

Mit dem Irak-Krieg sollte man es sich nicht zu leicht machen. Auch was mit falschen, ja gefälschten Begründungen begonnen und zudem nicht den Segen des UN-Sicherheitsrates bekommen hat, kann sich im Nachhinein noch als richtig herausstellen. Als vor aller Welt offenbar wurde, dass Saddam Hussein die Massenvernichtungswaffen, mit denen die Invasion von 2003 begründet wurde, nicht besaß, die Ursprungslegitimation also hinfällig war, wurden andere Begründungen nachgeschoben, vor allem die, dass das irakische Volk von einem schlimmen Unterdrücker befreit werden müsse. Völkerrechtlich ist die Beseitigung von Diktatoren allein jedoch keine Rechtfertigung für einen Krieg. Auf der anderen Seite würde kaum jemand widersprechen, wenn die USA oder sonst wer plausibel machen könnten, dass man beispielsweise Kim Jong Il, den nordkoreanischen Diktator, von außen stürzen sollte, sofern man dabei keinen Atomschlag auslöst oder einen schweren Konflikt mit China riskiert.

Allerdings wären die Ansprüche an einen Krieg nur zum Zwecke des Regierungswechsels extrem hoch. Wer das wollte, müsste nachweisen, dass der Mitteleinsatz in einem einigermaßen vernünftigen Verhältnis zu den Kosten namentlich an Menschenleben steht; er müsste zeigen, welche Kräfte im Land für einen Neuaufbau geeignet sind; er müsste einen ernstzunehmenden und belastbaren Umsturzimpuls in der Bevölkerung selbst nachweisen können und den Zeitpunkt einer Intervention aus der Dynamik der inneren Entwicklung des betreffenden Staates sehr gut begründen. Dafür käme eine offene Rebellion in Frage oder ein akut drohender Massenmord durch den Diktator.

Nichts von alledem war im Falle des Irak gegeben. Die Wahl des Zeitpunktes richtete sich ausschließlich nach Kriterien, die mit der inneren Entwicklung des Irak gar nichts zu tun hatten, denn die Regierung von George W. Bush hat Ort und Zeit des Feldzuges unter der Überschrift «Krieg gegen den Terror» danach festgelegt, wie ein solcher Krieg innenpolitisch ankommen würde. Ein weiteres Kriterium war, ob er in der ganzen Region eine Art Dominoeffekt auslösen würde, ja ob dadurch sogar eine vom letzten Irak-Krieg gebliebene Scharte ausgewetzt werden könnte, als die US-Truppen vor den Palästen Saddam Husseins haltmachten und den Diktator laufenließen. Vielleicht fällt das Urteil über den Irak-Krieg in zehn Jahren etwas milder aus, wenn wider alle Erwartung durch den falschen Anstoß, die westliche Invasion, das Richtige in Gang gesetzt worden sein sollte, wenn also dereinst ein ziviler, halbwegs demokratischer Irak entsteht. Das müssen dann allerdings die Iraker selbst beurteilen, die durch all die Jahre der Kriege, der Angst und der Anschläge gegangen sind.

Heute jedenfalls, fast ein Jahrzehnt nach Beginn der Invasion, muss man sagen: Der Irak-Krieg war ein in seiner Begründung und Durchführung falscher und unmoralischer Krieg.

Über kein anderes Thema wurde in den letzten Jahren bei unserer Freitagskonferenz so oft diskutiert wie über Afghanistan. Vor allem Helmut Schmidt war es, der diesen Krieg immer wieder zum Thema gemacht hat. Es quälte ihn, dass dort deutsche Soldaten sterben, in einem Kampf, den er nach allen historischen Erfahrungen, insbesondere denen der Russen, für ungewinnbar hielt. Mein Eindruck war, dass er den Krieg als sinnlos und gefährlich ablehnte, auch wenn er völkerrechtlich legitimiert und bündnispolitisch geboten war, und darum war ich sehr gespannt, was Schmidt im Sommer 2008 in einer Rede zum Gelöbnis junger Rekruten sagen würde, die wussten, dass sie nach Afghanistan gehen und dort möglicherweise sterben würden.

Niemals, das war von vornherein klar, würde Schmidt dort seine Zweifel am Afghanistan-Einsatz äußern, aus Respekt vor den Rekruten und aus Loyalität gegenüber dem Staat; nur, wie würde er das Thema dann ansprechen? Schmidt erzählte zunächst von seiner eigenen Vergangenheit als Soldat und markierte den Unterschied zwischen einem Soldaten im Dienst der verrückten Nazi-Diktatur und dem in einer Demokratie. Als er dann unweigerlich zum Thema Afghanistan gelangte, sagte Schmidt den jungen Männern: «Wenn wir heutzutage an militärischen Eingriffen in Afghanistan uns beteiligen, dann geschieht es in Übereinstimmung mit dem Sicherheitsrat der Vereinten Nationen – und gemeinsam mit unseren Verbündeten. Man kann über solche Einsätze streiten. Jedoch kann sich jeder Rekrut darauf verlassen: Auch künftig werden Bundestag und Bundesregierung unsere Streitkräfte nur im Gehorsam gegen das Grundgesetz und nur im Gehorsam gegen das Völkerrecht einsetzen.» Diese Sätze sind ein Gang auf dem Drahtseil, genauer: auf zweien. Zum einen, weil ein Krieg, der in seiner Entstehung völkerrechtlich legitim und zudem grundgesetzkonform, dabei aber in der Sache sinnlos und aussichtslos ist, am Ende ein falscher Krieg sein kann, und dafür sein Leben zu opfern wäre eine zweifelhafte Angelegenheit. Zum anderen aber, weil es für die Vergangenheit nicht stimmt und für die Zukunft nicht versprochen werden kann, dass Bundestag und Bundesregierung die Rekruten nur in Kriege schicken werden, die dem Völkerrecht gehorchen. Schon der Kosovo-Krieg, den die Bundesregierung geführt und dem der Bundestag zugestimmt hat, stand nicht in Übereinstimmung mit dem Völkerrecht. Und auch weiterhin dürfte sich Deutschland in Fragen von Krieg und Frieden nicht vom Gutdünken der Russen und Chinesen abhängig machen. Niemand kann ausschließen, dass Deutschland wieder in diesem Sinne völkerrechtswidrige Kriege führt, es sei denn, das Völkerrecht wird neu geschrieben oder neu definiert.

An dieser Stelle ist jedoch zunächst ein anderes Problem bedeutsam: Auch ein legitimer Krieg wie der in Afghanistan kann sich als falsch herausstellen. Dazu sei etwas weiter ausgeholt.

Schematisch gesprochen, stellte sich die Lage nach dem 11. September 2001 so dar: Von einem Terrornetzwerk namens al-Qaida wurde eine terroristische Attacke mit Tausenden von Toten gegen die USA verübt. Darauf hätte Washington im Prinzip mit mehr oder weniger konventioneller Terrorbekämpfung reagieren können. Allerdings wurde al-Qaida von den Taliban geschützt, die wiederum einen Staat, oder etwas Staatsähnliches, nämlich Afghanistan, regierten. Die Taliban zu bekämpfen lief darauf hinaus, einen regulären Krieg zu führen und schließlich, falls man den Krieg gewinnen sollte, ein Regime auswechseln zu müssen. Damit war klar, dass, wer die Terrorgruppe bekämpfen wollte, am Ende Verantwortung für einen Staat, oder etwas Staatsähnliches, übernehmen müsste.

Nach zehn Jahren Krieg und *nation building* scheint offenkundig zu sein, dass keines dieser Ziele tatsächlich erreicht wurde: Der afghanische Staat existiert nur in sehr begrenztem Umfang, die Taliban leisten noch immer Widerstand, und al-Qaida hat sich nach Pakistan zurückgezogen, in einen Atomstaat, an dem der Westen das Prinzip Afghanistan sicher nicht noch einmal ausprobieren will.

Hätte man das wissen können, musste es so kommen? Wir haben schon Henry Kissinger zitiert, der vor jedem

Versuch eines *nation building* in Afghanistan gewarnt und empfohlen hat, die Terroristen hinwegzufegen und dann rasch wieder zu verschwinden. Was allerdings wäre dann passiert: Wären die Taliban zurückgekehrt und al-Qaida mit ihnen, und wäre der ruhige Heimathafen des internationalen Terrorismus in der Folgezeit abermals aufgebaut worden? Etwas Ähnliches kann jedoch auch nach dem nun angekündigten Rückzug der Alliierten passieren – hätte man sich also zehn Jahre Krieg und viele tausend tote Soldaten und Zivilisten sparen können?

Dieser Krieg, den ich selbst befürwortet habe, erfüllt mich heute immer wieder mit Trauer, wenngleich nicht mit Scham; der Krieg war falsch, aber das konnte man vorher nicht wissen. Die Situation war präzedenzlos, mit modernen asymmetrischen Kriegen gab es wenig Erfahrung, und was passieren würde, wenn der Westen mit hohem (am Ende freilich vielleicht doch zu niedrigem) Mitteleinsatz einen Staat neu aufbauen würde, war gleichfalls unbekannt. Der Versuch gerade der Deutschen, mit der Petersberger Konferenz Ende 2001 eine Art Marshall-Plan für Afghanistan aufzustellen, war überdies aller Ehren wert und durchaus nicht von vornherein zum Scheitern verurteilt.

Diejenigen, die alles vorher gewusst haben wollen oder tatsächlich wussten, sind dieselben, die auch eine arabische Revolution für ausgeschlossen hielten; es sind die, denen Geschichte und Geographie so mächtig scheinen, dass qualitativ Neues so gut wie ausgeschlossen ist. Auf diese Experten kann man sich darum nicht wirklich verlassen. Irgendwann, glaube ich, wird auch Afghanistan ein freieres und zivileres Land sein. Dass dies heute noch nicht möglich zu sein scheint und dass für diesen Irrtum viele Menschen gestorben sind, ist mehr als bitter. Doch gerade weil für das Experiment Afghanistan so viel geopfert wurde, ist es besonders wichtig, was wir nun daraus lernen. Dass Afghanistan auf ewig eine stumpfe Stammesgesellschaft sein wird, korrupt, drogenverseucht, patriarchalisch, archaisch, ist keine sinnvolle Lehre.

Der Hauptfehler in Afghanistan lag nicht im Optimismus des Westens, er lag in seinem Egoismus.

Denn genauso wie im Irak hat sich der Westen in Afghanistan vorgenommen, ein Regime zu stürzen und ein neues zu errichten, und genauso wie im Irak hat er den Ort, den Zeitpunkt und die Methode zur Verwirklichung dieses Ziels nicht danach ausgesucht, ob es in Afghanistan einen originären und relevanten Impuls zum Umsturz gab. Die Gefahr eines Massenmordes war ebenfalls nicht im Verzug. Weder dringende Not noch eine besonders gute Chance, eine Veränderung durchzusetzen, haben das Handeln des Westens bestimmt, sondern sein Sicherheitsbedürfnis, seine Angst. Das ist vielleicht legitim, aber soviel müssen wir spätestens heute wissen und beherzigen: Es ist falsch!

Die Kriege in Afghanistan und Irak waren kein Imperialismus der Freiheit, sie waren ein Imperialismus der Angst.

Wenn aber am Ende beide Kriege, der in Afghanistan und der im Irak, falsch waren, dann gibt weder das Völkerrecht noch das – sehr weit gefasste – Notwehrrecht des Westens den Ausschlag für die Berechtigung eines Krieges. Eher schon gilt die Regel: *Kriege, die einen Regimewechsel bezwecken oder unausweichlich machen, sind nur dann legitim, wenn ein Massenmord droht und/oder die Aussichten für eine bessere Regierung und einen besseren Staat gut sind, weil es bereits relevanten Widerstand gibt.*

Die richtigen Kriege: Der Balkan und Libyen

Zweimal hat der Westen einen Bombenkrieg im zerfallenden Jugoslawien geführt, einmal 1995, um Verfolgung und Massenmord in Bosnien zu beenden, dann 1999, um die brutale Vertreibung und Ermordung von Kosovo-Albanern zu beenden. Der Hauptverantwortliche für die Massaker, die Vertreibungen, auch für den Angriff auf eine UN-Schutzzone und damit die Gegenreaktionen der NATO war Slobodan Milošević, der serbische Präsident. Sein späterer Sturz wurde indes nicht von der NATO erzwungen, sondern von den Serben. Was Milošević in den neunziger Jahren verbrochen hat, brachte ihn zum Schluss vor das UN-Kriegsverbrechertribunal in Den Haag. Heute herrscht auf dem Balkan Frieden, Kroatien wird demnächst in die EU aufgenommen, andere Staaten, die aus den Bürgerkriegen hervorgegangen sind, werden irgendwann folgen. So kann man die beiden Balkan-Kriege zusammenfassen.

Aber auch so: Der Westen hat dort ohne UN-Mandat, das heißt völkerrechtswidrig, Krieg geführt. Er hat sich mit einer zumindest teilweise kriminellen Organisation, der UÇK, zusammengetan; er hat mit seinen Luftangriffen aus großer Höhe enorme «Kollateralschäden» verursacht, wobei dieser damals zu größerer Bekanntheit gelangte Begriff den Tod von Zivilisten mit einschloss. Schließlich: Der Westen hat, um Stabilität in der Region zu schaffen, die Ergebnisse der ethnischen Säuberungen, auch von Säuberungen durch die, die er geschützt hatte, in Kauf genommen. Das ist die andere Bilanz der Balkan-Kriege. Welche gibt nun den Ausschlag?

Über die Frage des Völkerrechts wurde schon weiter oben verhandelt. Und was die Zusammenarbeit mit zwielichtigen Gestalten angeht, so gehört diese sicher zu den unappetitlichsten und die eigene Legitimation ernstlich gefährdenden Faktoren. Um allerdings eine Bemerkung des ehemaligen Vorsitzenden des NATO-Militärausschusses Klaus Naumann über den Kosovo-Krieg aufzugreifen: Es sei, sagte er, «schwer, zwischen Gewalt und Gegengewalt, zwischen Gut und Böse unterscheiden zu können. Umso eindeutiger kann man (…) zwischen den Starken und den Schwachen unterscheiden.» Die «Kollateralschäden» wiederum, also die unbeabsichtigten Opfer einer humanitären Intervention, dürfen von ihrer Zahl her nicht annähernd so hoch sein wie die Zahl derer, die durch die Intervention gerettet werden. Und bei allem, was zum Thema Kollateralschaden noch zu sagen sein wird: Dieses Kriterium war auf dem Balkan erfüllt.

So bleibt unter dem Strich, dass die Intervention weder hinsichtlich des Zeitpunkts noch hinsichtlich des Schauplatzes nach dem Gusto des Westens stattfand, sondern tatsächlich der Abwehr großer, massenhafter und unmittelbarer Gefahr für Leib und Leben der Bosnier und Kosovaren diente. Bei allen Fehlern, die gemacht wurden: Auf dem Balkan war der Westen Polizei, nicht Imperialist.

Und Libyen wiederum, Libyen war nicht der dritte Wüstenkrieg. Libyen war gewissermaßen der dritte Balkan-Krieg. Zunächst einmal gab es Aufstände innerhalb des Landes, was insofern besonders ernst genommen werden musste, als in beiden Nachbarländern eben erst Revolutionen stattgefunden hatten. Zum anderen hat Muammar al-Gaddafi nicht nur damit gedroht, in der Rebellenhochburg Bengasi ein Massaker anzurichten, sein wahlloser Artillerie-Beschuss auf die Küstenstadt Misurata erlaubte keinen Zweifel, dass er die Drohung auch ernst meinte. Und als sich Gaddafis Truppen dann Bengasi näherten, war höchste Eile geboten. Trotz des Zeitdrucks kamen sogar noch ein UN-Beschluss und die Zustimmung der Arabischen Liga zu einer Flugverbotszone zustande. Besser kann der Beginn einer militärischen Intervention

kaum legitimiert werden. Die Legitimationsprobleme ließen dennoch nicht lange auf sich warten.

Im Grunde war von vornherein klar, dass eine Flugverbotszone nicht eingerichtet werden konnte, ohne dass
zuvor die libysche Flugabwehr und die Luftwaffe aus-
geschaltet würden. Das würde Gaddafi zwar militärisch
schwächen, seine Wut und Aggressivität den Rebellen
gegenüber aber nur noch steigern; infolgedessen würden
die Alliierten auch den Vormarsch seiner Truppen am
Boden verhindern helfen müssen, und zwar aus der Luft,
also mit hohem Aufwand und mäßiger Effektivität. Da
dies auf Dauer keine Lösung ist, lief von Anfang an alles
auf einen Sturz des Regimes hinaus. Der aber war in der
UN-Resolution nicht vorgesehen. Auf die russische Resolutionspolitik, die auf solche Legitimationsprobleme des
Westens zielt, müssen wir hier nicht nochmal eingehen;
interessanter ist das Verhalten der Arabischen Liga. Dass
sie überhaupt eine Flugverbotszone forderte, hat viele,
vielleicht auch den amerikanischen Präsidenten überrascht. Schließlich war die Interessenlage der arabischen
Staaten denkbar widersprüchlich. Zwei arabische Staaten
steckten noch mitten in ihren eigenen Revolutionen, und
Saudis und Syrer waren fest entschlossen, Aufstände in
ihrer Einflusszone mit Gewalt niederzuschlagen. Viele
andere arabische Potentaten wollten durch Zugeständ-
nisse in ihren Ländern den Druck aus dem Kessel nehmen, manche von ihnen hatten darüber hinaus noch offene Rechnungen mit Gaddafi. Der Minimalkonsens all

dieser Widersprüche war am Ende, mit dem Aufruf zu einer Flugverbotszone ein Friedenszeichen an die arabische Revolution zu senden; mehr aber auch nicht. Gleich zu Beginn des Militäreinsatzes distanzierte man sich von allen weiteren Folgen des Krieges. Mitgefangen, aber nicht mitgehangen, so lautete die Parole. So war es wenig erstaunlich, dass der damalige Generalsekretär der Arabischen Liga Abu Moussa schon nach wenigen Kriegstagen auf Distanz zu den Alliierten ging: «Was in Libyen geschieht, weicht vom Ziel einer Flugverbotszone ab. Wir wollen den Schutz der Zivilbevölkerung, keine Bombardierung.» Nur, wie man die Bevölkerung schützen kann, ohne Bomben einzusetzen, das sagte Abu Moussa nicht.

Dass die Alliierten so schnell die Unterstützung durch die offizielle Politik in der Region verlieren würden, ließ sich noch verkraften, und dass sie die Grenzen der UN-Resolution überdehnen würden, gehörte gewissermaßen zum Programm. Viel schwerer wogen und wiegen die Versäumnisse der kriegführenden Mächte selbst. Die Intervention musste wegen des Zeitdrucks hektisch geplant werden, was zunächst zu einem schlecht koordinierten Vorgehen führte. Doch rasch war auch zu spüren, dass die in der Region ohnehin schon militärisch überstrapazierten Amerikaner keinen vollen Einsatz mehr fahren wollten und dass Briten und Franzosen es, andererseits, nicht konnten. So fehlten den vermeintlich omnipotenten westlichen Mächten zeitweise die militärischen Mittel, den Einsatz so rasch und schonungsvoll wie möglich durchzuführen.

Unglücklicherweise ähnelte der Libyen-Krieg auch in dieser Hinsicht den Balkan-Kriegen. Wieder sind die Europäer nicht in der Lage gewesen, in ihrer eigenen Einflusszone ohne die massive Hilfe und Führung der Amerikaner militärisch das zu leisten, was sie sich politisch vorgenommen hatten. Nach dem Kosovo-Krieg war das den europäischen Politikern furchtbar peinlich, und sie schworen heilige Eide, dass so etwas nicht wieder vorkommen dürfe. Nun ist es wieder vorgekommen. Sarkastisch ließe sich der Libyen-Einsatz der Europäer auf die Formel bringen: Zu viel Moral, zu wenig Munition.

Hinter der mangelhaften europäischen Rüstung steht natürlich das eingefleischte, fast schon einer Gewohnheit gleichkommende Vertrauen, dass die Amerikaner die Europäer am Ende raushauen, sowie eine fehlende Bereitschaft, die Ausgaben für Verteidigung wenigstens konstant zu halten. Wenn mithin in Zukunft über Rüstungsausgaben gestritten wird, dann sollte zweierlei nicht vergessen werden: Die Amerikaner werden sich in den beiden kommenden Jahrzehnten im Mittleren Osten militärisch weniger engagieren, und die Region wird sich im selben Zeitraum umgestalten, Arabien kaum stabil bleiben. Wenn die Europäer also zu militärischer Eigenständigkeit weiterhin nicht in der Lage sind, dann werden sie viel Unterdrückung und Vertreibung, dann werden sie vielen Massakern zusehen müssen. Und die Flüchtlinge aus Arabien werden ihnen später in Paris, Berlin und London von den Details erzählen.

Trotz des mangelhaften Mitteleinsatzes war der Libyen-Einsatz der Alliierten darum nicht falsch. Es sei denn, man vertritt die Auffassung, dass ein Krieg schon dann falsch ist, wenn in ihm etwas Wichtiges falsch läuft. So bleiben nach zwanzig Jahren Kriegserfahrung ein paar (wenngleich vorläufige) Regeln für die Zukunft: *Regime change* nur dann, wenn es in dem betreffenden Land eine Opposition und eine Rebellion gibt, die man unterstützen kann; militärische Interventionen nur dann, wenn ein Massaker droht oder wenn die Niederschlagung einer Oppositionsbewegung dadurch abgewendet werden kann. Zeitpunkt und Methode einer Intervention müssen nach den Erfordernissen der dortigen Bevölkerung festgelegt werden, und militärische Aktionen im unmittelbaren westlichen Sicherheitsinteresse dürfen keine Dynamik zum Regierungswechsel und zur Übernahme der Gesamtverantwortung für ein Land entwickeln, müssen also eng begrenzt sein. Zuletzt: Die Zustimmung des UN-Sicherheitsrates sowie regionaler Zusammenschlüsse ist auf jeden Fall erstrebenswert, aber nicht ausschlaggebend.

8. Wofür sterben – und wofür töten?

Zweifellos ist es intellektuell und moralisch eminent wichtig, Regeln für die Entscheidung über Krieg und Frieden aufzustellen, besonders wenn das Nachdenken darüber so durcheinandergeraten ist wie zurzeit in Deutschland. Wir werden das im nächsten Kapitel noch systematisch versuchen. Dennoch wäre es hochmütig, wenn nicht gar gefährlich, so zu tun, als ließe sich eine Urfrage des Menschen, eben die nach dem Krieg, mit einer Art Checkliste beantworten.

Über meine zweite Verhandlung als Kriegsdienstverweigerer ärgere ich mich noch heute. Bei der ersten fiel ich mit dem Versuch durch, meine schlauen und abstrakten Thesen zum Pazifismus vorzutragen. Bei der zweiten wusste ich dann, es kommt auf die Authentizität des Vortrags an, nicht auf Gescheitheit. Also spielte ich Authentizität vor, anstatt im Angesicht der Gewissensprüfer mit meinem Gewissen wirklich zu ringen. Teils verhielt ich mich so, weil Gewissensringen auf Kommando keine leichte Übung ist, teils, weil ich mit meinem Gewissen kaum gerungen hatte, ich war mir meiner pazifistischen Sache einfach zu sicher. Dabei liegt der damaligen Rechtsprechung zur Kriegsdienstverweigerung eine tiefe Wahrheit zugrunde: In Fragen von Krieg und Frieden zählen nicht nur die Begründung und der Ausgang einer Entscheidung, genauso wichtig ist der geistige und moralische Prozess, durch den man dahingelangt ist. Die Entscheidung für oder gegen einen Krieg erschöpft sich wohl nie in rationalen Argumenten. Man muss sich immer noch einen Ruck geben, es zu tun. Oder es zu lassen.

Im Krieg, so wird behauptet, stirbt die Wahrheit zuerst. Das ist zugleich übertrieben und untertrieben: übertrieben, weil man heute im Großen und Ganzen wissen kann, wie ein Krieg verläuft, untertrieben, weil ein Teil der Wahrheit meist schon vorher stirbt. Typisch dafür war der Kosovo-Krieg. Er wurde in Deutschland nicht nur mit Fischers Überwältigungsargument (Auschwitz) begründet, sondern auch mit der – falschen – Behauptung des damaligen Verteidigungsministers Rudolf Scharping, es gebe einen «Hufeisenplan», dem zufolge die Kosovaren alsbald eingeschlossen und ermordet würden. Aber auch die Gegner des Krieges suchten sich ihr ultimatives Ausstiegsargument mit dem sogenannten Annex B, einem angeblichen geheimen Zusatzartikel im Friedensvertrag von Rambouillet, den die Serben niemals hätten annehmen können.

Wenn die Kriegsfrage sich stellt, dann stirbt die Unschuld, so oder so. Überwältigungsargumente für den Krieg oder Ausfluchtsargumente gegen ihn sind als Angebot gemeint, der Schuld auszuweichen. Flankierend versuchen beide Seiten, die Sache durch Illusionsbildung zu entschärfen. Die einen reden von chirurgischen Schlägen (die aber nur für den chirurgisch sind, der das Ziel von ferne durch eine Kamera sieht, nicht für den, der da unten sitzt); die anderen meinen, dass noch nicht alle politischen Mittel ausgeschöpft seien, sie verschließen die Augen vor der Natur des Bösen, das in der Geschichte ab und an tatsächlich die Regie übernimmt.

Warum ist das so? Warum dieser immense moralische Druck? Der Krieg (wie auch der Verzicht darauf) ist etwas so Ungeheuerliches, dass sämtliche Begründungen nur sehr schwer Maß und Mitte halten können. Sie wollen immer noch eins drauflegen, sich moralisch gegen Folgen immunisieren, die sie gleichwohl ahnen. Einen Krieg zu führen heißt, die Büchse der Pandora zu öffnen, heißt, dass stets mehr und anderes geschehen wird, als man gewollt hat: Menschen sterben, die nicht hätten sterben dürfen, und auch die Guten tun Böses. Dem Krieg wohnt eine Dynamik der Brutalisierung inne. Wenn das Tötungsverbot ausgesetzt wird, und das wird es im Krieg, dann steht sogleich auch der Rest aller Verbote und Gebote, dann stehen Zivilisation und Humanität zur Disposition. Die meisten Soldaten widerstehen in den meisten Situationen der Versuchung zur Barbarei, und darin liegt vielleicht ihr wahres Heldentum, aber es schaffen eben kaum alle, so zu handeln, und gewiss nicht auf Dauer.

Darf man das große Töten unter solchen Umständen

überhaupt beginnen? Und wie steht es mit dem Sterben? Über Jahrtausende galt es als selbstverständlich, dass Menschen ihr Leben für ihren König, ihren Häuptling, das Vaterland, für ihren Gott, für die Freiheit hingaben. Diese Selbstverständlichkeit ist – in den westlichen, individualisierten, entheiligten, postheroischen Gesellschaften – zerstoben. Mit welchem Recht kann eine Gesellschaft von jemandem verlangen, dass er sein Leben für Werte opfert, deren Geltung er selbst nicht mehr erleben wird? Kann man einem Bundeswehrsoldaten sagen, er solle in Afghanistan sein Leben aufs Spiel setzen, nicht weil der Krieg selber sinnvoll ist, sondern aus Bündnisrücksichten? Kann man ernstlich von einem Menschen verlangen, dass er sein Leben riskiert, damit der Sprit an der Tankstelle billig bleibt? Und kann man einen Menschen ernst nehmen, der so etwas behauptet?

Die neue Fragwürdigkeit des Sich-Opferns hat in den letzten Jahrzehnten unmittelbare Auswirkungen auf die Art der westlichen Kriegsführung gehabt, die rigoros darauf ausgerichtet ist, möglichst wenige Opfer unter den eigenen Soldaten zu haben. So müssen die Länder, die angegriffen werden, erst durch Bombardements weitgehend kampfunfähig gemacht werden, bevor die westlichen Soldaten einmarschieren. Noch deutlicher lässt sich die geschwundene Legitimation des Sterbens an der Flughöhe der eigenen Bomber und Kampfjets ablesen: Je höher sie fliegen, desto geringer die Wahrscheinlichkeit, dass sie von der gegnerischen Luftabwehr getroffen werden können. Je höher sie fliegen, desto schlechter zielen sie aber auch, und desto öfter treffen sie folglich Zivilisten. Das ist das Geheimnis des «Kollateralschadens». Wenn man sich selber mehr in Gefahr begeben würde, könnten viele Unschuldige geschont werden. Anders gesagt: Die Flughöhe gibt an, wie groß wir den Unterschied zwischen dem Wert des Lebens «unserer» Piloten und den Zivilisten «der anderen» bemessen.

Wer daraus die Forderung ableitet, unsere Soldaten müssten eben mehr riskieren, der sieht sich sofort der Frage ausgesetzt, ob er selbst bereit wäre, sein Leben in einem Krieg am anderen Ende der Welt oder am anderen Ufer des Mittelmeers aufs Spiel zu setzen. Oder ob er seinem Sohn oder seiner Tochter dazu raten würde. Diese Frage darf uns als Bürger nicht stumm machen, selbst dann nicht, wenn wir sie heimlich mit Nein beantworten würden. Aber bescheiden.

Krieg ist auch heute nicht bloß eine Entscheidung zwischen Gut und Böse, gerecht und ungerecht. Er ist immer auch eine zwischen Gut und Gut, Böse und Böse, uns und denen, Soldaten und Zivilisten, Leben und Leben. Dasselbe lässt sich allerdings auch von der Entscheidung gegen einen Krieg sagen. In einer globalisierten Welt, wo es ein *out of area*, ein politisches, menschliches und militärisches Außerhalb nicht mehr gibt, wo jedes Wegschauen ein aktives Verdrängen ist, da lasten sich diejenigen, die nicht intervenieren wollen, genauso viel moralische Verantwortung auf wie diejenigen, die es wollen.

Ein rascher Rückzug aus Afghanistan etwa macht den falschen Krieg womöglich nicht richtiger, sondern noch falscher.

Krieg verändert, daran besteht kein Zweifel, den, der ihn führt. Krieg verändert aber auch den, der ihn nicht führt. Und kein Land wird zurzeit vom Nicht-Krieg-Führen so verändert wie Deutschland.

Pazifismus und Parapazifismus

Um den Verhängnissen des Krieges zu entgehen, bleibt, als nobelste Variante, der Pazifismus. Er geht davon aus, dass Krieg immer mehr Gewalt erzeugt, als er bekämpft; die Gewaltspirale kann demnach nur durchbrochen werden, wenn man Unterdrückung, Unfreiheit und Gewalt erduldet. Wer das auf sich nehmen will, hat jeden Respekt verdient. Und nicht nur beim Widerstand Mahatma Gandhis gegen die britischen Kolonialherren hat es funktioniert. Hier und heute jedoch ist der Pazifismus ein prekäres Prinzip, weil bei den in Rede stehenden Kriegen nicht der deutsche oder französische Pazifist etwas auf sich nimmt, vielmehr fordert er, dass andere alles erdulden, was ihnen von ihren Unterdrückern widerfährt. Ohnehin ist der Pazifismus in Deutschland eine schwer zu haltende Position, weil er streng genommen auch den Krieg der Alliierten gegen die Nazis, die militärische Befreiung von Auschwitz und von Deutschland verurteilen müsste, was einem Deutschen nicht sonderlich gut zu Gesicht steht.

Herausgebildet hat sich stattdessen eine politisch mittlerweile höchst erfolgreiche Art von Parapazifismus. Der zeichnet sich durch zweierlei aus: Zum einen verurteilt er ausdrücklich nicht den Krieg gegen Hitler, zum anderen äußert er sich nicht prinzipiell, sondern nur von Fall zu Fall. Gegen den einen Krieg ist der Parapazifist, weil das UN-Mandat fehlt; gegen den anderen, weil der Westen wirtschaftliche Interessen hat; gegen den dritten, weil der Krieg dilettantisch geplant ist; gegen den vierten, weil man nicht weiß, was nachher kommt; gegen den fünften, weil man mit Schurken zusammenarbeitet; gegen den sechsten, weil man hier interveniert, aber nicht dort. Und warum hier und nicht da: weil man Interessen hat. Und so weiter.

Was Interventionsverweigerung im Einzelfall bedeuten kann, zeigt der Fall Ruandas. Der Völkermord in dem afrikanischen Land ist eines der dunkelsten Kapitel westlicher Herzlosigkeit. Dort ermordeten 1994 binnen hundert Tagen die herrschenden Hutu-Extremisten etwa 800 000 Menschen. Angehörige der Tutsi-Minderheit, Tutsi-Mischlinge, auch gemäßigte Hutu, die sich dem Morden entgegenstellten oder sich nicht daran beteiligten, wurden zumeist mit Macheten hingeschlachtet. All das geschah vor den Augen der Weltgemeinschaft: Seit Oktober 1993 war die UN Assistance Mission For Rwanda (UNAMIR) unter Führung des kanadischen Generals

Roméo Dallaire im Land. Mit rund 2500 Soldaten befand sich die Mission weit unter Sollstärke, und auch sonst fehlte es an allem: «Wir hatten eine Flut von Berichten geschickt und nichts zurückerhalten: keinen Nachschub, keine Verstärkung, keine Entscheidungen.» Verzweifelt faxte Dallaire einen Bericht nach dem anderen, warnte vor Todeslisten und wies die UN auf Waffenlager von militanten Gruppen hin – vergeblich: Der Sicherheitsrat spielte die Berichte herunter oder ignorierte sie. Nach Ausbruch des Völkermords verstrickten sich die Sicherheitsratsmächte in Diskussionen darüber, ob das Töten in Ruanda überhaupt ein «Genozid» sei oder ob es sich nicht doch bloß um «genozidähnliche Akte» handele.

Roméo Dallaire kehrte als gebrochener Mann aus Ruanda zurück, litt jahrelang an Depressionen, unternahm zwei Selbstmordversuche, bevor er seine erschütternde Anklage an die Weltgemeinschaft schrieb. Den Tag, an dem kurz nach Beginn des Völkermords westliche Staatsangehörige mit Flugzeugen und Fallschirmjägern aus Ruanda evakuiert wurden, bezeichnet er als «den Tag, an dem die Welt, nachdem sie zuvor bereits bewiesen hatte, dass sie an Ruanda kein Interesse hat, dazu überging, die Ruander ihrem Schicksal zu überlassen. Die rasche Evakuierung der Ausländer war das Signal für die Völkermörder, die Apokalypse zu entfesseln. In jener Nacht bekam ich vor Schuldgefühlen kein Auge zu.»

Auch ein Eingriff in Ruanda wäre ein mit Zweifeln behafteter Krieg gewesen, und vermutlich stünden dort noch heute westliche Soldaten: unselig, verzagt, mit einigen tausend aus Versehen oder durch Nachlässigkeit zerstörten Menschenleben auf dem Gewissen und einem rassistischen Konflikt als Erbe. Aber viele hunderttausend Menschen würden, andererseits, noch leben.

Das unausgesprochene Kriterium für die Legitimität von Kriegen ist beim Parapazifismus nicht wie beim Pazifisten der Nicht-Krieg, sondern der perfekte Krieg, bei dem einfach von vornherein alles stimmt: das Völkerrecht, die Reinheit der Motive, die Unschuld der Opfer, die perfekte Durchführung, der gewisse Ausgang, die künftige staatliche Ordnung in dem betroffenen Land. Maßstab ist, kurzum, der Krieg im Himmel, durchgeführt von Engeln mit goldenen Speeren und verbundenen Augen.

Das parapazifistische Denken ist selbstverständlich hilfreich und wichtig in Gesellschaften, die zu leichtfertigen Kriegen neigen, und es kann auch eine gute Grundlage für Journalisten sein, jedenfalls dann, wenn man unter Journalismus stete Kritik versteht, ohne die Verpflichtung, Alternativen zu benennen und zu verantworten. Ein ernstes Problem entsteht erst, wenn dieses Denken von der übergroßen Mehrheit vertreten wird – und von der Regierung –, wie das ausweislich bei der Merkel / Westerwelle-Doktrin der Fall zu sein scheint.

Das wiederum wirft die grundlegende Frage auf nach dem Verhältnis von Regierung und Volk in Sachen Krieg und Frieden. Kann man vom einzelnen Bürger wirklich verlangen, dass er aus eigener Initiative eine militärische Intervention fordert? Darf man erwarten, dass in Berlin hunderttausend Menschen für eine Flugverbotszone in Libyen auf die Straße gehen? Wünscht man sich von den Deutschen wirklich, dass sie von allein ihre Furcht vor den Verhängnissen des Krieges überwinden und zur Tat aufrufen? Soll der Einzelne wirklich zum Krieg lauthals ja sagen und zur Verantwortung für alles, was dann kommt: ich? Man würde ein Volk, jedenfalls ein deutsches, das sich so verhält, nicht bewundern, sondern ihm mindestens zehn Jahre Außenpolitikverbot erteilen. Kriege sind zuallererst Sache der jeweiligen Regierung, sie hat die Initiativpflicht für die Debatte, und wenn sie selbst für eine Intervention sein sollte, dann muss sie das der Mehrheit abringen und der Opposition ebenfalls.

Und so war es bislang auch in Deutschland, wann immer es um militärische Interventionen ging: Das Bündnis rief in die Pflicht, die konservative Partei, die Union, erhörte den Ruf, und die Regierung fällte Beschlüsse, ergriff Maßnahmen, brachte Argumente und stellte auch schon mal im Bundestag die Vertrauensfrage wie Gerhard Schröder beim Afghanistan-Beschluss. Mittlerweile jedoch ist die Kraft des Bündnisarguments geschwächt, die Union ist mindestens so friedfertig wie die SPD, und die Regierung hält sich aus dem Krieg des Westens raus und streut derweil parapazifistische Argumente. Deutschland ist drauf und dran, außenpolitisch in einem die Parteien, die Regierung, die Opposition und das Volk übergreifenden Antikriegskonsens zu verschwimmen. Dann wären wir wieder da angekommen, wo wir vor einigen Jahrzehnten schon einmal waren.

Ein Land wird weich

Helmut Schmidt ist durchaus Teil dieses Konsenses – und unterscheidet sich doch ganz und gar davon. Er ist einer der moralisch diszipliniertesten Menschen, die ich kenne, ohne dass er jemals moralisieren würde. Seine tief verankerten, über Jahrzehnte erprobten Auffassungen ziehen sich zumeist als klare Linien durch seine aktuellen Äußerungen: Er ist ein Humanist, der sich von Leid gleichwohl nicht in seinem Urteil korrumpieren lässt, auch nicht von seinem eigenen Leid. Er hat den schlimmsten Krieg des 20. Jahrhunderts mitgemacht, auf der falschen Seite, das hat ihn auf eine eiserne Art pazifiziert. Dabei ist er keiner, der die pazifistische Harfe schlägt, er ist einer, der den pazifistischen Hammer schwingt. Ihm kann man zutrauen, dass er dem Töten auf dem Balkan zusehen kann, ohne zynisch zu werden, und er wird sich in seiner Persönlichkeit auch nicht verändern, wenn er tatenlos miterlebt, wie Gaddafi gegen sein Volk wütet. Schmidt bleibt Schmidt. Aber wir bleiben nicht wir. In der Sorge, dass die Deutschen für Kriege nicht geeignet sind, empfiehlt er ihnen ein Raushalten, für das sie freilich noch viel schlechter geeignet sind.

Die Erfahrung der letzten Jahre jedenfalls zeigt: Die

Deutschen beschleunigen moralisch schnell und halten dann nicht allzu lange durch. Da bliebe es auf Dauer wahrscheinlich nicht beim Achselzucken; gerade die politischeren und moralischeren Menschen werden sich Begründungen überlegen, warum es richtig und vorbildlich ist, sich rauszuhalten. Sie werden ihren Ethik-Einsatz verdoppeln und ihre Argumente schärfen. Eine Art passiver Idealismus würde sich herausbilden. Zudem würde sich der Charakter des Landes als Mittelmacht auch hier auswirken, denn, wie gesagt: Kleine Länder brauchen kleine Ausreden, große brauchen große. Wie würde die deutsche Ideologie des Raushaltens am Ende also wohl aussehen? Man möchte es nicht wissen.

Und wird es hoffentlich nie erfahren. Sicherlich ist Deutschland in diesem Jahr 2011 an einem Wendepunkt angekommen. Zufälle und Fehlentscheidungen haben dazu geführt: ein diplomatischer Unfall, die ungewollte Isolation im westlichen Bündnis, ein US-Präsident, der zu vernünftig ist für Strafmaßnahmen, ein schwacher deutscher Außenminister, eine überforderte Kanzlerin, eine EU außer Rand und Band, eine Revolution in Arabien, deren strategische Bedeutung sich noch nicht ganz absehen lässt. Es kann deshalb sein, dass Deutschland nach der Emanzipation vom Bündnis umso freier ja zum Bündnis sagt, es kann aber auch sein, dass es sein Verhältnis zum Krieg nun erstmals in voller Autonomie klärt. All das hängt vom politischen Willen ab, von der Einsicht in die eigenen Interessen. Und von den richtigen Argumenten natürlich.

9. Kavallerie ohne Pferd – einige Regeln für künftige Kriege

Die Ungeheuerlichkeit des Krieges lässt sich mit Regeln allein nicht bändigen. Ohne sie aber erst recht nicht. Im Grunde ist es wohl so: Ein Krieg, zu dem sich Regierung und Gesellschaft mit leichter Hand entschlössen, weil er allen geforderten Kriterien zu entsprechen scheint, sollte lieber abgeblasen werden. Kriegsbegeisterung, Kriegsroutine, Kriegsleichtfertigkeit, Kriegsangst – sie sind ohne Ausnahme kein gutes ethisches Rüstzeug. Vielmehr müssen die Diskussionen über einen Krieg für sämtliche Beteiligten strenge und sorgfältige Exerzitien sein, ein öffentliches Ringen um die Berechtigung zu töten und die Pflicht, sein Leben zu riskieren.

Anhand welcher Regeln und Kriterien das politische Exerzitium abgehalten wird, ist dabei alles andere als zweitrangig. Und da es sich um eine existenzielle, urmenschliche Frage handelt, greift man zunächst am liebsten auf möglichst alte Regeln zurück: zum Beispiel auf die Verträge, die im Jahr 1648 den Westfälischen Frieden möglich machten. Sie beendeten den Dreißigjährigen Krieg, indem sie staatliche Integrität anerkannten; die grenzüberschreitende, grenzverletzende Kraft der Religion wurde eingehegt und der staatlichen Souveränität unterworfen (cuius regio, eius religio). Auf dieser fast 400 Jahre alten Grundidee von der friedensstiftenden Kraft der Staatsgrenze beruht auch das heute geltende Völkerrecht, das seinerseits mindestens schon mehr als sechzig Jahre alt ist und seine letzten Änderungen 1977 erfahren hat, also vor 34 Jahren.

Was so alt ist und sich lange bewährt hat, daran muss etwas Wahres sein – und das ist zweifellos die pazifizierende Wirkung von unverletzlichen Staaten. Doch auch etwas Überholtes – die Freiheit der Despoten. Der Völkerrechtler Gerd Hankel schreibt in seinem Buch «Das Tötungsverbot im Krieg»: Mit dem Völkerrecht den aktuellen Problemen eines bewaffneten Konflikts begegnen zu wollen, das sei, als wolle man dem «Phänomen der Internetkriminalität mit den alten Vorschriften zum Fernmeldegeheimnis» beikommen. (Allerdings, so möchte man hinzufügen, können beim Völkerrecht die Kriminellen an der Gesetzgebung mitwirken.)

Ein aktuelles Beispiel. Am 12. Juli dieses Jahres machte die US-Außenministerin Hillary Clinton vor der Presse klar, dass ihre Geduld mit dem syrischen Staatschef Assad und seiner brutalen Repression der Opposition langsam zu Ende gehe. Er habe «auf die friedlichen Proteste des Volkes mit mehr Gewalt, mehr Festnahmen und mehr Einschüchterungen reagiert». Clinton sprach dem syrischen Präsidenten jegliche Legitimität ab und gab zu verstehen, «Präsident Assad ist nicht unverzichtbar». Da die Außenministerin das alles zudem während des Krieges gegen Gaddafi sagte, mussten ihre Äußerungen in Damaskus als Drohung mit einer militärischen Intervention verstanden werden; prompt erwiderte Assads Sprecher, die Erklärung Clintons stelle eine «klare Einmischung in die inneren Angelegenheiten Syriens» dar. Mit anderen Worten: Was ich mit meinem Volk mache, geht euch gar nichts an. Wir wissen nicht, ob Assad oder sein Sprecher Immanuel Kant gelesen haben, einen der geistigen Väter des Völkerrechts, faktisch jedenfalls beriefen sie sich auf ihn. Kant sagt in seiner Schrift «Zum ewigen Frieden»: «Kein Staat soll sich in die Verfassung und Regierung eines andern Staats gewalttätig einmischen.» Wenn aber ein Staatsverbrecher wie Baschar al-Assad sich auf Immanuel Kant berufen kann, dann braucht man schon sehr starke Argumente, um das alte Völkerrecht zu verteidigen.

Das stärkste und furchterregendste Argument führt die Völkerrechtlerin Sibylle Tönnies aus, es lautet: Weltkrieg. In ihrem Buch «Die Menschenrechtsidee. Ein abendländisches Exportgut» bezeichnet sie den Kosovo-Einsatz der NATO als «verbotenen Angriffskrieg». Um die Aktualität des Völkerrechts und die Gefährlichkeit seiner Verletzung zu belegen, beschreibt sie, wie der NATO-General Michael Jackson 1999 in Belgrad unversehens mit russischen Panzern konfrontiert war. Er weigerte sich, auf sie zu schießen, weswegen die deutsche Völkerrechtlerin ihm am liebsten ein Denkmal setzen würde. Das mag er verdient haben, sie will mit dieser Szene aber etwas anderes sagen: Die NATO habe die Gefahr einer militärischen Konfrontation mit Russland heraufbeschworen, was nachgerade kriminell sei. Das Völkerrecht habe, so Tönnies, «nämlich nur ein großes Ziel: Weltkriegsverhütung». Humanitäre Interventionen wären demnach allein dann legitim, wenn ihr alle Großmächte zugestimmt haben und die Gefahr des Weltkriegs auf diesem Weg ausgeschlossen worden ist.

Hier liegt eine interessante Verwechslung vor. Die NATO vermeidet es von jeher, mit Russland oder China in eine direkte Konfrontation zu geraten. Darum hat der Westen auf den Einmarsch der Sowjetunion in Afghanistan lediglich mit einem Boykott der Olympischen Spiele in Moskau sowie mit der Aufrüstung der Taliban reagiert, nicht aber mit einer Intervention; darum hat der Westen mit militärischen Reaktionen nicht einmal gedroht, als russische Panzer auf Tiflis zurollten; darum lassen die USA den von China gestützten Dauerskandal Nordkorea faktisch auf sich beruhen. Umgekehrt haben aber auch die Russen aus ihrem Nein zum Kosovo-Krieg keine ernsthaften Konsequenzen gezogen. Das russische Nein zum Irak-Krieg blieb militärisch ebenfalls völlig folgenlos. Der Grund für diese umfassende wechselseitige Vorsicht liegt auf der Hand: Keine Regierung mit einem Rest von Verstand und Besonnenheit wird einen militärischen Konflikt beginnen, der in einem atomaren Weltkrieg enden könnte. Nur hat das mit dem Völkerrecht nichts zu tun. Im Gegenteil: Die USA etwa würden eine völkerrechtswidrige Annexion Taiwans durch China lieber hinnehmen, als einen atomaren Schlagabtausch zu riskieren. So, wie die Russen den Kosovo-Krieg hingenommen haben.

Sibylle Tönnies vermischt also die Logik der atomaren Abschreckung mit der Geltung des Völkerrechts. Dennoch ist ihr Ansatz von Bedeutung, weil er die Pathologie des Völkerrechts bloßlegt, das im kollektiven Gedächtnis gewissermaßen an derselben Stelle abgespeichert ist wie die Angst vor dem Weltatomkrieg. Beides hat ja auch fast von Beginn an zusammen existiert: Das moderne Völkerrecht entwickelte sich nach dem Zweiten Weltkrieg, und der sogenannte Sputnik-Schock ereilte den Westen 1957, als die Russen ihren ersten Satelliten ins All schickten und damit demonstrierten, dass sie die USA und jeden anderen auf der Welt atomar bedrohen konnten. Wer freilich bei jeder Zuwiderhandlung gegen das Völkerrecht sogleich an die Gefahr eines Weltkrieges mit atomaren Waffen denkt, der wird einer rechtlichen Weiterentwicklung natürlich mit größter Furcht begegnen: Das ist allerdings, wie das Verhalten der Atommächte in den letzten Jahrzehnten zeigt, unrealistisch. Gleichwohl zeigt Tönnies' Argument, dass wir in einer Zeit leben, in der die Bestimmung des Völkerrechts zur Vermeidung eines Weltkriegs abgelöst wird von einem anderen Gesichtspunkt, und zwar dem der Schaffung einer Weltgesellschaft, und sei es auch nur in roher, rudimentärer Form. Im Übrigen bedeutet das Fortdauern der atomaren Logik unglücklicherweise, dass in den unmittelbaren Einflusszonen der großen Atommächte weder das alte noch das neue Völkerrecht wirklich gelten, weil niemand es wagen kann, ihm Geltung zu verschaffen.

Fangen wir bei der systematischen Überschreitung des alten Völkerrechts mit den Kriminellen an. Bei dem bekannten modernen Theoretiker des gerechten Krieges, Michael Walzer, liest man darüber: «Es ist ein Kennzeichen der Theorie des gerechten Krieges in seinen klassischen Formulierungen, dass Aggression als die kriminelle Politik einer Regierung angesehen wird und nicht als die Politik einer kriminellen Regierung.» Überhaupt ist eine kriminelle Regierung eine äußerst unbequeme Sache für das Völkerrecht, jedenfalls so lange, wie sie keine Nachbarländer überfällt. Und um den Gedanken von Walzer noch etwas zuzuspitzen: Die Räuberbande in einem Staat darf rigoros bekämpft werden, die Räuberbande, die sich einen Staat unter den Nagel gerissen hat, wird zu den Olympischen Spielen eingeladen. Außerdem steht sie unter dem Schutz des Völkerrechts, und niemand darf sie an Verbrechen gegen das eigene Volk hindern.

Es liegt auf der Hand, dass ein solches Recht keinen Bestand haben kann, zumindest nicht in den Fällen, wo der Schutz einer Staatsgrenze dem Schutz von Massenmördern dient. Entsprechend wird seit einigen Jahren an einer Erweiterung des Völkerrechts gearbeitet.

Schützen dürfen, schützen müssen

Dabei geht es um die sogenannte «Responsibility to Protect», kurz: R2P, deutsch: die Verantwortung zu schützen. (Die Formulierung «Verantwortung zu schützen» ist weise gewählt, liegt sie doch genau in der Mitte zwischen dem «Recht» und der «Pflicht» zu schützen.) Erstmals taucht der Begriff in einem Bericht der International Commission on Intervention and State Sovereignty (ICISS) vom Dezember 2001 auf; darin heißt es, die internationale Gemeinschaft trage eine Schutzverantwortung, müsse also Menschen vor Menschenrechtsverletzungen wie Völkermord, Kriegsverbrechen, Verbrechen gegen die Menschlichkeit und ethnischen Säuberungen schützen. Der Bericht erschien seinerzeit zu einem denkbar ungünstigen Zeitpunkt: Nach den Anschlägen vom 11. September verlagerte sich die internationale Debatte fort von Völkermord und Verbrechen gegen die Menschlichkeit hin zum Terrorismus und zur Frage der Massenvernichtungswaffen. Der Irak-Krieg im Jahr 2003 wiederum bestärkte viele Kritiker der Schutzverantwortung in ihrer Angst, ein solches völkerrechtliches Prinzip könne von mächtigen Staaten unter dem Deckmantel der humanitären Intervention missbraucht werden. Trotzdem hat Kofi Annan, der damalige und bisher wohl klügste Generalsekretär der Vereinten Nationen, das Konzept in der UN-Reformdebatte von 2004 aufgegriffen.

Im Ergebnisdokument des UN-Weltgipfels von 2005 erkennen die Mitgliedstaaten das Prinzip erstmals universell an. Darin heißt es: «Jeder einzelne Staat hat die Verantwortung für den Schutz seiner Bevölkerung vor Völkermord, Kriegsverbrechen, ethnischer Säuberung und Verbrechen gegen die Menschlichkeit.» Und: «Die internationale Gemeinschaft hat durch die Vereinten Nationen auch die Pflicht, geeignete diplomatische, humanitäre und andere friedliche Mittel nach den Kapiteln VI und VIII der Charta einzusetzen, um beim Schutz der Bevölkerung vor Völkermord, Kriegsverbrechen, ethnischer Säuberung und Verbrechen gegen die Menschlichkeit behilflich zu sein» – in begründeten Einzelfällen und mit Zustimmung des Sicherheitsrats überdies auch durch militärische Maßnahmen. Damit ist die R2P jedoch noch keineswegs geltendes internationales Recht. Im Juli 2009 hat sich die UN-Vollversammlung darum drei Tage lang damit beschäftigt. Im September verabschiedete sie dann Resolution A / RES / 63 / 308, in der sie sich verpflichtet, die Schutzverantwortung weiterhin zu prüfen; mehr nicht. Bis heute ist das Konzept völkerrechtlich nicht verbindlich. Es handelt sich nicht um eine Norm, sondern lediglich um eine «entstehende Norm». Für ihre Anwendung wurden bisher keine Kriterien aufgestellt.

«Entstehende Norm», das ist eigentlich eine ganz schöne Formulierung, die gut zur fragilen Zukünftigkeit, zur unausweichlichen Vorgriffigkeit des neuen Völkerrechts passt.

Im Übrigen ist die Verantwortung einzugreifen eine spiegelverkehrte Antwort auf das Argument, der Bruch des herkömmlichen Völkerrechts ziehe neue Brüche nach sich, denn wenn einer irgendwo eingreife, würden sich andere ebenfalls dazu berechtigt fühlen. So auch beim Nichteingreifen: Für Adolf Hitler war es sehr wichtig zu sehen, wie die Weltgemeinschaft den Völkermord aufnahm, den die Türkei während des Ersten Weltkriegs an anderthalb Millionen Armeniern verübt hat. Die Deutschen wussten über die Gräuel als Verbündete der Türkei nur zu gut Bescheid, und Hitler merkte sich, dass die Welt auf dieses monströse Verbrechen kaum reagierte. Auch in jüngster Zeit dürfte das Nicht-Eingreifen des Westens in Ruanda den Völkermord in Darfur ermutigt haben. Wiederum zeigt sich, dass alle Regeln, die für das Eingreifen gelten, auch für das Nicht-Eingreifen gelten müssen.

Höchste Verantwortung und letzte Instanz

R2P ist deshalb sicher eine bedeutende Weiterentwicklung des Völkerrechts, eine Coca-Cola-Formel für den gerechten Frieden der Zukunft hingegen ist sie keineswegs. Denn mit der «Schutzverantwortung» wird der Kern des Völkerrechts aufgeweicht, die absolute staatliche Integrität, die befriedende Wirkung von Grenzen. Darum ist die Frage umso wichtiger, wer darüber entscheidet, ob ein Fall von R2P vorliegt oder nicht. Klassischerweise ist das der UN-Sicherheitsrat, in dem fünf Staaten ein Vetorecht innehaben: die USA, Großbritannien, Frankreich, Russland und China. Es sind diejenigen Staaten, die bei der Gründung der Vereinten Nationen im Jahr 1945 als Siegermächte die Definitionsmacht innehatten, was natürlich aus heutiger Sicht ein recht willkürliches Kriterium ist. Doch kann das Vetorecht im Sicherheitsrat nur mit Zustimmung der Vetomächte verändert werden, vorerst also eher nicht. Zwei dieser Vetomächte sind zudem – die eine mehr, die andere weniger – Diktaturen, die sich gewohnheitsmäßig Menschenrechtsverletzungen zuschulden kommen lassen: In Russland und in China werden Minderheiten unterdrückt, das Rechtssystem ist politisch beeinflusst und korrupt, freie Meinungsäußerungen werden auf die eine oder andere Weise beschnitten und bestraft. Auch darum stellen sich Russland und China wohl auch immer wieder schützend vor andere Diktatoren, die Russen beispielsweise vor Slobodan Milošević, die Chinesen vor den sudanesischen Staatschef und Massenmörder Omar al-Bashir.

Weil Diktatoren vom Völkerrecht geschützt werden und Diktatoren darüber wachen, dass das auch so bleibt, haben die westlichen Demokratien beschlossen, sich gelegentlich darüber hinwegzusetzen. Sie definieren das Völkerrecht um und ermächtigen sich kurzerhand selbst zum Eingreifen. Leicht lässt sich ausmalen, welche Wirkung die Selbstermächtigung derer, die sich jahrhundertelang fremde Länder und Völker untertan gemacht haben, auf den Rest der Menschheit hat: Zu Hause mag der Westen demokratisch sein, in der Welt gilt er noch immer als Menschenrechtsverletzer und Diktator. So gesehen wäre noch einmal zu überdenken, ob es in jedem Fall so furchtbar ist, wenn der Westen nicht geschlossen argumentiert. Dass er das um jeden Preis tun sollte, dass er sich nicht spalten lassen darf, diese Überzeugung entspringt vielleicht noch dem Kalten Krieg mit seiner Blocklogik; heute dagegen kann Uneinigkeit zwischen den Nationen des Westens durchaus im Sinne des Systems der *checks and balances* verstanden werden: Da die selbstermächtigten Nationen sonst niemand kontrolliert, sollte es wenigstens einen gewissen Binnenpluralismus geben. Auch die Entscheidung der Bundeskanzlerin gegen eine deutsche Beteiligung am Libyen-Einsatz war nicht schon deshalb verkehrt, weil sie zu einem wochenlangen Pro und Contra unter den Bündnispartnern geführt hat. Vielmehr: Merkels Politik war eben in der Sache falsch.

Das volle Dilemma des internationalen Rechts lautet demnach, zusammengefasst, folgendermaßen: Das alte Völkerrecht kann so nicht mehr gelten, die Selbstermächtigung des Westens aber wird nicht nur von der Mehrheit der Diktatoren, sondern von der Menschheit nicht akzeptiert. Wie sieht ein Weg aus diesem Dilemma aus?

Abstrakt lässt sich eine Lösung relativ einfach formulieren: *Der Westen muss seine Selbstermächtigung mit einer neuen Selbstbindung begrenzen, er muss ein Völkerrecht der Zukunft formulieren und sich daran halten, er muss es auch vorleben, damit es irgendwann allgemeine Geltung bekommt, und das neue Recht wiederum muss so attraktiv und überzeugend sein, dass sich ihm immer mehr Staaten anschließen. Kriege würden dann aus einem Völkerrecht der Zukunft legitimiert, nicht mehr aus dem der Vergangenheit.* Dieses Völkerrecht der Zukunft steht jedoch nicht schon irgendwo fest, es entwickelt sich historisch aus vorbildlichem Verhalten oder – ex negativo – aus den Fehlern des Westens. Für beides liefern die letzten zwei Jahrzehnte Beispiele in großer Fülle.

Richtig und in gewisser Weise vorbildlich war, wie beschrieben, der Kosovo-Krieg des Westens, problematisch war es, danach übergroße Versprechungen zu machen, wie der damalige US-Präsident Bill Clinton es nach dem Sieg gegen Milošević tat: «Wenn jemand hinter unschuldigen Zivilisten her ist und versucht, sie wegen ihrer Rasse, wegen ihres ethnischen Hintergrunds oder ihrer Religion massenhaft zu töten, und wenn es in unserer Macht steht, das zu stoppen, dann werden wir es stoppen.» Sicher muss es ein Fernziel sein, dass dereinst kein Diktator mehr so mit seinem Volk umspringen kann, ohne dass die Weltgemeinschaft interveniert. Doch lässt sich der Weg dorthin nicht durch einen schieren Willensakt überspringen. Vorerst wird der Westen nicht überall militärisch eingreifen wollen, selbst wenn er es könnte;

er hat es nicht getan im Sudan, er tut es nicht im Iran und wohl auch nicht in Syrien. Es dient also nicht seiner Glaubwürdigkeit, wenn er zu große Versprechungen macht, und nicht zu Unrecht hat Henry Kissinger solche übertriebenen Ansprüche mitunter verhöhnt: Ob man denn bereit sei, dafür den Verteidigungsetat zu verdreifachen? Sinnvoll und legitimierend ist folglich eher eine etwas bescheidenere, aber immer noch ehrgeizige Politik nach der Maxime: *Diktatoren, die ihr Volk misshandeln, dürfen sich niemals ganz sicher sein, dass wir nicht doch irgendwann kommen.* Damit würde das Legitimationsproblem gemildert, das aus mangelnder Konsequenz erwächst.

Ein ganz anderes, weitaus größeres Problem ergibt sich für die Glaubwürdigkeit westlichen Handelns aus der sogenannten Realpolitik. Immer wieder gab es in der Vergangenheit menschenrechtliche Modewellen, mal ein bisschen mehr real, mal ein bisschen mehr ideal; man trug die Gesinnung der Saison. Zurzeit trägt der Westen eine Mixtur: Er betreibt unter hohem Einsatz idealistische Politik wie auch eine kaltschnäuzige Realpolitik. Diese Gleichzeitigkeit erweist sich vor allem im Mittleren und Nahen Osten als kontraproduktiv. Wenn man einem gewieften westlichen Diplomaten ein oder zwei Stunden Zeit gibt, könnte er sicherlich begreiflich machen, warum die islamistische Diktatur Saudi-Arabiens, die ihren mittelalterlichen Islamismus in die ganze Welt exportiert, vom Westen hofiert, die islamistische Diktatur Iran hingegen aufs schärfste bekämpft wird. Aber warum sollte ihm ein Orientale so lange zuhören? Zumal er ja weiß, dass der Westen heute erklärt, warum er die schrecklichen Taliban gegen die Russen aufrüstet, um morgen zu begründen, warum die ganze Welt in Aufruhr versetzt werden muss, um dieselben Taliban nun wieder zu bekämpfen; oder warum heute der Irak gegen den Iran aufgerüstet werden muss, während man morgen selber in den gutbewaffneten Irak einmarschiert; oder warum Gaddafi vorgestern ein Terrorist war, gestern ein geschätzter Mitkämpfer gegen den islamistischen Terror und heute wieder ein unerträglicher Tyrann. Der Preis für diese Art von panischer Realpolitik besteht nicht nur darin, dass man ständig Leute bekriegen muss, die man kurz zuvor selbst aufgerüstet hat, der Preis liegt vor allem darin, dass es wenig Grund gibt, dem Westen überhaupt zuzuhören, wenn er mal wieder seine idealistische Phase hat.

Nun soll hier keineswegs geleugnet werden, dass es dann und wann realpolitische Notwendigkeiten gibt, die für jedwede Kriegsbegründungen abträglich sind. Doch wurde damit in der Vergangenheit viel zu großherzig verfahren. Um hier einmal dezent zurückzuhöhnen, lieber Henry Kissinger: Diese Art von Realpolitik führt ebenfalls zu einer Verdreifachung der militärischen und moralischen Kosten. Also: *Wenn der Westen sich selbst ermächtigt, Kriege zu führen, weil er Menschenrechte und Menschenleben verteidigen will, dann muss er sich bei seiner willkürlichen und oft irrationalen «Realpolitik» etwas mehr zurückhalten. Wichtiger als Stabilität ist Nachhaltigkeit.*

Darüber hinaus war ein großer Fehler des Westens, vielleicht *der* große Fehler des vergangenen Jahrzehnts, die Vermischung von zwei grundverschiedenen Kriegsbegründungen – der Intervention, um eine massenhaft mordende Diktatur zu stoppen und, wenn nötig, auch zu beseitigen, und der Intervention zur Durchsetzung eigener Sicherheitsinteressen. Im Irak und in Afghanistan wurde beides zugleich versucht, und man kann sich durchaus Fälle vorstellen, in denen beides auch zugleich gelingt: Durch einen Krieg wird eine terroristische Bedrohung zusammen mit einem diktatorischen Regime beseitigt, und hernach herrschen Sicherheit für den Westen und Demokratie für die Befreiten, die beiden Kriegsbegründungen addieren sich. Allerdings ist dieser Idealfall zuletzt im Zweiten Weltkrieg in Deutschland und Italien eingetreten. Das ist jetzt sechzig Jahre her. Jüngst ist dieser wünschenswerte Idealfall zweimal nicht eingetreten: nämlich weder im Irak noch in Afghanistan. Dort kann man zurzeit allenfalls noch darauf hoffen, dass die Lebensbedingungen nach der westlichen Intervention besser sind als vorher.

Ein Regime von außen zu stürzen ist heute wesentlich leichter, als eine neue Ordnung zu schaffen; Letzteres kann nur gelingen, wenn es das Volk auch will und wenn es schon Ansätze zu einer neuen Ordnung gibt. Wenn der Westen also einen Diktator stürzen will, dann muss er sich sehr genau überlegen, wo, wann und wie. Dass ausgerechnet jene Staaten besonders reif für die Demokratie sein sollen, von denen die größte Bedrohung für den Westen ausgeht, ist eine reine Wunschvorstellung. Und eine für Demokratien besonders seltsame dazu: Denn dass etwas so Schwieriges und Großartiges wie die Demokratie in einem Aufwasch mit einem Anti-Terror-Krieg, also gewissermaßen als Kollateralnutzen geschaffen werden kann, das müssten doch gerade alte Demokratien aus Erfahrung bezweifeln. Das aber wiederum bedeutet: *Ort, Zeitpunkt und Methode einer humanitären oder menschenrechtlichen Intervention müssen sich nach den Bedürfnissen des Landes richten, in dem interveniert wird, nicht nach den Bedürfnissen derer, die intervenieren.*

Es ist ein Relikt des alten Völkerrechts, die Berechtigung von Kriegen primär aus der unmittelbaren Bedrohung der eigenen Sicherheit oder der eines Bündnispartners abzuleiten. Bei Kriegen in der Ferne, auf fremdem Territorium, verhält es sich genau umgekehrt: Sie sind umso legitimer, je weniger eigene Sicherheits- oder gar Wirtschaftsinteressen eine Rolle spielen.

Und wenn nun doch aus einem einzelnen Land heraus terroristische Anschläge in westlichen Ländern geplant werden? Im Ausland gegen Terroristen vorzugehen ist nur legitim, wenn der Staat, in dem sie agieren, das nicht selber tut, so wie im Falle Pakistans; dann allerdings muss eine militärische Intervention so begrenzt werden, dass man nicht zugleich den ganzen, die Terroristen umgebenden Staat erbt. Ziel kann es nicht sein, in einem Schwung ein ganzes System umzustürzen, sondern vielmehr, genau das zu vermeiden.

All diese Regeln aber führen zu ein und demselben Kriterium: *Kann ein interventionistischer Krieg als Schritt auf ein neues Völkerrecht hin gedacht und begründet werden oder kann er es nicht?*

Das große Ideal: Die Polizei

Vielleicht lässt sich die Zukunft am besten vom Fernsehsessel aus verstehen: Wer nicht aus Langeweile für die Bösen ist oder aus Prinzip für die Indianer, für den gehört es zu den schönsten Momenten in amerikanischen Western-Filmen, wenn die Lage für die tapfer kämpfenden Helden aussichtslos geworden ist und plötzlich die Kavallerie auf robusten Pferden angeritten kommt, in blauen Uniformen mit gelben Streifen und vor allem: mit erdrückender militärischer Überlegenheit. Im Nu sind die Bösen erledigt, der Sheriff setzt sich den Cowboyhut zurecht und dankt dem *General*. Schöner kann man die allmähliche Durchsetzung des staatlichen Gewaltmonopols und des Rechtsstaates nicht in Szene setzen. Lassen wir noch kurz den jungen ungestümen Farmerssohn, der am Arm verletzt wurde (nur eine Fleischwunde), seine blonde Zukünftige küssen, bevor wir jene Einwände aufrufen, die in der heutigen Debatte sofort erhoben würden.

Erstens: Hier wird die Trennung von Militär und Polizei nicht eingehalten. Zweitens: Die Kavallerie wird sofort nach dem Ende des Films zurückreiten und weiß nicht, ob die von ihr geschaffene Ordnung länger hält, als der Abspann dauert. Drittens: Dieselbe Kavallerie, die hier so heilsam eingreift, tut das anderenorts nicht, nur weil dort keine Kameras stehen. Viertens: Dieselbe Kavallerie in denselben blau-gelben Uniformen setzt auch die kapitalistischen Interessen der Eisenbahngesellschaften gegen vom Staat betrogene Indianer durch. Fünftens: Die Kavallerie hat sich auch des Menschenrechtsimperialismus schuldig gemacht, als sie im Namen der Gleichheit gegen die Südstaaten Krieg führte – und das wegen ganz legal zustandegekommener Sklavengesetze! Sechstens: Die Kavallerie hat verdammtes Glück gehabt, dass sie vom Nutzen der Ölvorkommen im Wilden Westen noch nichts wusste.

Wenn ein Prinzip sich zur Gänze durchgesetzt hat, bedarf es keines großen Mutes mehr, auch den Prozess zu bejahen, der dahin geführt hat. Heute gelten in den USA der Rechtsstaat und das staatliche Gewaltmonopol, darum sind die früheren Unvollkommenheiten nicht mehr Anlass zu fundamentaler Kritik, sondern bieten nur noch unerschöpflichen Stoff für Film-Dramen.

Und mittlerweile hat international etwas Ähnliches begonnen, auch wenn bis dato nur die schlimmsten Exzesse, nicht aber gewöhnliche Menschenrechtsverletzungen verfolgt werden. Doch immerhin, in Den Haag gibt es eine Art obersten Gerichtshof, vor den die schwersten Staatsverbrecher geschleppt werden können, den allerdings die wichtigsten Verbrecherjäger, die USA, bisher nicht anerkennen, weil sie selbst nicht vor Gericht gestellt werden wollen; es gibt zwei Regierungen, den Sicherheitsrat und als Berufungsinstanz die westlichen Staatschefs, die über polizeiliche Einsätze entscheiden; es gibt zwei Parlamente, die das geltende Völkerrecht ändern können, die UN-Vollversammlung formell und die Parlamente der Demokratien de facto; und es gibt zwei Kavallerien oder Polizeien, die UN-Blauhelme, die gut legitimiert und meist schlecht ausgestattet sind, sowie die NATO, bei der es sich eher umgekehrt verhält.

Man sieht schon: All diese Doppelinstanzen zeugen von Halbheiten, und dass die USA sich dem Gerichtshof in Den Haag nicht unterwerfen, ist ein Defizit. Aber man sieht auch die Konturen einer überstaatlichen Rechtsordnung. Unschwer ist an dem ganzen Gerüst zu erkennen, was dazupasst und was nicht, was es erweitert und was es beschädigt. Wenn beispielsweise in der UN-Vollversammlung demokratische Staaten dereinst die Mehrheit haben werden, dann wird das selbsternannte Parlament der demokratischen Parlamente an Legitimation verlieren. Und wenn Russland und China die Menschenrechte selber achten würden, dann würde ihre Legitimation im Sicherheitsrat steigen.

Und die Anti-Massaker- und Menschenrechtspolizei? Der militärische Laie kann vom äußeren Anschein her den Unterschied nicht erkennen zwischen einer klassischen Armee für Selbstverteidigungs- und Eroberungskriege und einer Armee, die als überstaatliche Polizei dient; dennoch macht gerade die Funktion von Armeen den entscheidenden Unterschied aus: *Ein polizeilicher Zweck legitimiert den Einsatz, ein nicht-polizeilicher delegitimiert ihn.* Wodurch aber zeichnet sich die Polizeiarmee gegenüber einer klassischen Armee aus? Erstens: Die Polizei hat keinerlei Interesse außer dem, die Ordnung herzustellen, dem Recht Geltung zu verschaffen und selber einigermaßen gut ausgestattet und geschützt zu sein. Zweitens: Die Polizei feiert keine Siege, sie erledigt nur Aufgaben. Drittens: Die Polizei tötet nur im äußersten Notfall. Viertens: Die Polizei glaubt nicht an den endgültigen Frieden und weiß darum, dass sie bleiben oder immer wieder kommen muss. Die Liste ließe sich erweitern.

Was kosten und was bringen uns die Menschenrechte?

Das Prinzip Polizei funktioniert innerhalb unserer Staaten, weil die Gesetze, die sie verteidigen, allgemein anerkannt sind, aber auch, weil jeder weiß: Hinter dem einen Polizisten stehen ein zweiter und ein dritter, ja, es stehen Tausende und Abertausende dahinter, die alle kommen werden, wenn es sein muss. Ganz zu Recht denkt da der

Kriminelle: Legst du dich mit einem an, legst du dich mit allen an. Erst diese Logik gibt dem einzelnen Polizisten Ordnungsmacht, und folglich fragt sich, unter welchen Umständen das auch international gelten könnte. Dabei geht es, ganz profan, zuallererst um die Mannschaftsstärke und die Ausrüstung der westlichen Armeen. *Die internationale Polizei muss nämlich im Prinzip unbesiegbar sein.* Oder andersherum: *Sie sollte nur da eingreifen, wo sie, wenn sie alles in die Waagschale wirft, nicht besiegt werden kann.*

Eine solche unbesiegbare Armee muss zudem den Eindruck erwecken, als wäre sie in der Lage, überall da einzugreifen, wo schreiendes Unrecht geschieht, wo Massaker drohen oder Rebellionen zusammengeschossen werden. Sie kann darum nicht billig sein. Und eine nationale Armee, die Teil dieser überstaatlichen Truppe sein soll, wird auch einiges kosten. Da sich die meisten Menschen in Deutschland kaum bedroht fühlen, werden sie erwarten, dass die Ausgaben für die Landesverteidigung abnehmen, während die für eine übernationale Truppe aber eher wachsen. Zudem haben die Bundesbürger, was Einsätze *out of area* angeht, vor allem den in Afghanistan vor Augen, was sie gleichfalls wenig motivieren wird, viel Geld für eine international operierende Armee auszugeben. Die Lücke zwischen diesen Erwartungen und den Anforderungen an eine Interventionsarmee kann nur die Politik schließen. Dabei geht es nicht mehr nur um das, was wir dürfen und sollen, sondern um das, was wir wollen. Hart formuliert, lautet die Frage daher: Warum, um Himmels willen, sollen wir Unsummen ausgeben und das Leben deutscher Soldaten aufs Spiel setzen, um Araber oder Afrikaner davon abzuhalten, sich gegenseitig die Köpfe einzuschlagen!?

Beginnen wir bei der Analyse dieses Einwands mit dem unscheinbaren Wort «gegenseitig». Ist es tatsächlich so, dass *die* Araber oder *die* Afrikaner sich gegenseitig die Köpfe einschlagen? Nein – vielmehr so, dass mächtigere oder besser bewaffnete Afrikaner oder Araber einer Vielzahl von ohnmächtigen und wehrlosen Menschen die Köpfe einschlagen. Die da unten sind nicht alle gleich: Es sind Täter darunter und Opfer, wie überall. Es geht also nicht darum, in irgendein absurdes, blutiges Durcheinander einzugreifen, es geht um Nothilfe.

Kann man den Leuten wirklich mehr Idealismus abverlangen? Die Frage setzt voraus, dass es idealistisch ist, Teil einer Weltordnungsarmee sein zu wollen; ist das so? Liegen die Aufrechterhaltung und grenzenlose Gültigkeit unserer Werte nicht doch in unserem Interesse? Ich glaube: ja. Für alles andere ist die Welt einfach zu eng geworden. Was anderswo geschieht, kommt immer früher und immer massiver auch bei uns an, in Gestalt von Flüchtlingen, Seuchen, Terrorismus, Drogen. Globalisierung bedeutet eben auch, dass alle Grenzen löchrig werden; insofern braucht man schon heute nicht mehr viel Nächstenliebe, um sich verpflichtet zu fühlen, auch weit entfernten Menschen zu helfen.

Und ebendas ist der Grund, aus dem sich das Denken in dem Gegensatzpaar idealistisch – realistisch heute überholt hat. Man muss schon sehr mit dem Kopf in den Wolken leben, um zu glauben, man könne sich die Probleme der Araber und Afrikaner dauerhaft vom Leib halten. Ebenso die Alternative Stabilität oder Umwälzung: Auch sie hat ihren Sinn verloren, seitdem der Westen nicht mehr darüber befinden kann, wer stabil bleibt und wer reformiert oder revolutioniert wird. Und seitdem klar ist, dass Stabilität immer nur ein vorübergehender, labiler Zustand ist. Die Alternative, um die es heute auch in der Außenpolitik geht, heißt stattdessen: kurzfristig oder nachhaltig. Darin unterscheidet sie sich nicht von der Ökologie, nicht von der Ökonomie, nicht von der Demographie. Und genau so, wie es auf diesen Feldern die Politik ist, die sich für den Erhalt der Natur, gegen das Überaltern der Gesellschaft und gegen die Verschuldung starkmachen muss, weil es der Einzelne allein nicht tun wird, muss die Politik auch bei der Frage von Krieg und Frieden die maßgebliche Instanz sein. Ist die deutsche Politik dazu noch in der Lage?

All diesen Argumenten haftet, so richtig sie sein mögen, für mich etwas Schales an. Das könnte daran liegen, dass es sich dabei um die argumentative Verwandlung von Nächstenliebe in klug kalkulierenden Eigennutz handelt. Muss man wirklich erst Angst vor libyschen Flüchtlingen haben, um den Libyern helfen zu wollen, nach vier langen, bitteren Jahrzehnten ihren Diktator loszuwerden? Worin besteht eigentlich das Ethos des Westens? Darin, dass es uns gut und immer besser geht? Gäbe es die westlichen Demokratien überhaupt, wenn unsere Vorfahren so gedacht hätten wie wir heute? Kann es eine bessere internationale Ordnung jemals geben, wenn wir nicht anfangen, so zu denken, wie sie es damals getan haben? Nicht zu vergessen: Können wir den Nachbarn in unseren Stadtvierteln, den Fatimas und Walids, den Jussufs und Aishes, eigentlich sagen, dass wir ihren Verwandten da unten, ihren Brüdern und Schwestern, Vätern und Müttern im äußersten Notfall militärisch nicht helfen wollen? Das Argument der Nachhaltigkeit klingt ökologisch, könnte aber auch als augenzwinkernde Ansprache an das eigene Ego verstanden werden: Mehr Netto vom Brutto – jetzt auch in der Außenpolitik! Es ließe sich schließlich argumentieren: Wenn wir das Leben unserer Söhne und Töchter schon aufs Spiel setzen, dann bitte für die Liebe und die Freiheit und für nichts sonst.

10. Im Frieden mit Schmidt – nicht mit der Regierung

Für Helmut Schmidt beginnt die Volljährigkeit des Menschen mit fünfzig Jahren. Nicht, dass er der Jugend nichts zutrauen würde oder ihr keine Verantwortung übergeben möchte, doch wenn es um echte Führungspositionen in der Politik oder auch nur im Journalismus geht, dann sollte man, so sieht der Altkanzler das, schon seine fünfzig Jahre auf dem Buckel haben. Ich selber bin heute, im Oktober 2011, seit knapp einem Jahr volljährig im Schmidt'schen Sinne. Ob dieses Alter wirklich mehr Verantwortungsreife mit sich bringt, weiß ich nicht recht; was ich indessen spüre, sind erste Anzeichen von Behaglichkeit, mitunter sogar politischer. Denn das Land ist doch ganz gut geraten, nicht wahr? So ökologisch, sanft, kultiviert, ganzheitlich, verantwortlich, emanzipiert und nachhaltig. Haben wir das nicht immer gewollt? Im Grunde haben wir gewonnen, auch wenn wir es so hart nicht ausdrücken würden, wir, die Linken oder ehemals Linken – aber das macht im milden Abendlicht auch keinen großen Unterschied mehr aus –, wir, die Umweltschützer und Atomkraftgegner und Feministinnen. Also alles in Bio-Butter? Gewiss, manches stört noch: Das Gesundheitssystem klappt vermutlich nicht gut, und die Steuererklärung ist ein Ärgernis wie eh und je. So etwas nennt man dann Missstände, und Missstände werden behoben oder verschoben, je nachdem. Aber im Ganzen?!

Pazifismus und Behagen

Was also verstört uns noch richtig, was liegt jenseits des Behagens? Alles, was nicht so ökologisch, sanft, kultiviert, ganzheitlich, verantwortlich, emanzipiert und nachhaltig ist wie wir. Die Unterschicht zum Beispiel. Sie ist uns irgendwie peinlich, warum können diese Leute nicht ungefähr so werden wie wir, die Babyboomer der alles dominierenden gebildeten Mittelschicht mit ihren gertenschlanken Kindern? Aber vielleicht liegt der Grund für unser Missfallen ja gerade hierin beschlossen: dass wir denen da unten nichts anderes angeboten haben, als eine schwache Kopie von uns selbst zu werden; vielleicht hat all das mit nichts so sehr wie mit unserer penetranten Hegemonie zu tun.

Und dann die Migranten. Auch die verstören uns, ja, sie verärgern uns geradezu. Denn für sie hatten wir schließlich einen schönen Platz in unserem tollen Deutschland vorgesehen, sogar ein eigenes Adjektiv: ökologisch, sanft, kultiviert, ganzheitlich, verantwortlich, emanzipiert, nachhaltig – und multikulturell. Aber sie machen einfach nicht richtig mit. Hoffentlich werden wir da nicht irgendwann wirklich wütend, Wut nämlich haben wir auch, ja, durchaus, wenngleich nicht mehr die Wut der verkorksten deutschen Seele, sondern die Wut der geheilten deutschen Seele, also: Obacht!

Was uns allerdings am meisten verstört, das sind Situationen, von denen man uns einreden will, dass sie sich allem vollständig entziehen, was ökologisch, sanft, kultiviert, ganzheitlich, verantwortlich, emanzipiert und nachhaltig ist, Situationen, in denen unser mühsam erarbeitetes, nun zum vollem Genuss freigegebenes kulturelles Instrumentarium rein gar nichts wert ist. Mit einem Wort: Krieg. Krieg ist das, was bei unserer umweltbewussten Getrenntmüllsammlung in keine Tonne passt. Und deswegen kaufen wir als kritische Konsumenten neuerdings auch keinen Krieg mehr.

Fast fünfzig Jahre lang, von 1945 bis 1990, hatte das Wort für Deutsche überhaupt keinen Gegenwartswert: Krieg war ein Begriff von gestern, eine bittere Frage an die deutsche Vergangenheit. Erst mit der Deutschen Einheit tauchte das Thema dann wieder auf, wurde brennend aktuell. Eine *Phase der Verwirrung* kam und dauerte von 1991 bis 1998, vom ersten Irak-Krieg bis zu dem Entschluss, sich am Krieg gegen Slobodan Milošević zu beteiligen. Dann eine *Phase der Verantwortung* und, wenn man so will, die beste Zeit der deutschen Debatten um gegenwärtige Kriege. Sie begann 1998 mit dem Entschluss der scheidenden schwarz-gelben Koalition, sich in der Kosovo-Frage mit allen denkbaren militärischen Konsequenzen an die Seite des westlichen Bündnisses zu stellen. Das setzte sich fort in den existenziellen Diskussionen der Grünen und dem Beschluss der frisch gekürten rot-grünen Koalition, sich an der Intervention auf dem Balkan zu beteiligen. Der 11. September stellte dieselbe Regierung vor eine Herausforderung ganz anderer Natur: Doch über den Afghanistan-Einsatz wurde abermals mit großem Ernst gestritten. Zur Phase der Verantwortung müssen auch noch die Auseinandersetzungen um eine mögliche Beteiligung am Irak-Krieg gerechnet werden sowie Gerhard Schröders Nein, jedenfalls sein erstes, im Jahr 2002 vor dem Bundestag geäußertes Nein in dieser Sache. Sein zweites Nein, gerufen im Theater von Goslar im Dienst des niedersächsischen Landtagswahlkampfes, markiert dann schon den Beginn einer weiteren Phase, nennen wir sie: die *Phase der Verlotterung.* Sie dauert bis heute an, und man könnte sagen: Es wird immer schlimmer.

Die Regierungen, seien es schwarz-rote oder schwarz-gelbe, versuchen seit Jahren, jede Diskussion über Krieg und Frieden, insbesondere jeden ernstzunehmenden Streit über den Afghanistan-Einsatz, zu verhindern, und was die führenden Politiker seit geraumer Zeit überhaupt noch dazu sagen, soll augenscheinlich vor allem keinen Anstoß erwecken und keine schlafenden Mehrheiten (gegen den Einsatz) wecken. Wenn überhaupt, wird über den

Termin des Abzugs gesprochen und über die Frage, ob man den Krieg am Hindukusch nun einen Krieg nennen soll oder lieber nicht.

Auf welchem Niveau sich die deutsche Kriegsdebatte heute befindet, zeigt sich wegen des Schweige- oder Murmelkartells der Regierungen immer mal wieder anhand von Vorstößen aus der zweiten Reihe der Politik.

Auf diese Weise hat Margot Käßmann, die damalige EKD-Vorsitzende, 2010 mit einer Neujahrspredigt eine erregte Debatte ausgelöst. Sie sagte: «Nichts ist gut in Afghanistan. All diese Strategien, sie haben uns lange darüber hinweggetäuscht, dass Soldaten nun einmal Waffen benutzen und eben auch Zivilisten getötet werden. Wir brauchen Menschen, die nicht erschrecken vor der Logik des Krieges, sondern ein klares Friedenszeugnis in der Welt abgeben, gegen Gewalt und Krieg aufbegehren.» Natürlich ist der Satz «Nichts ist gut in Afghanistan» fast so unsinnig wie der Satz «Alles ist gut in Afghanistan»; wenn er dennoch eine Diskussion auslösen konnte, so hing das in erster Linie damit zusammen, dass sonst niemand von Rang und Glaubwürdigkeit auf das allgemein steigende Unbehagen an diesem Krieg antwortete. Und in der Tat: Es ist nicht leicht zu erklären, warum der Krieg in Afghanistan am Anfang legitim war, dann aber in wachsendem Maße nicht mehr, warum man sich trotzdem nicht einfach daraus verabschieden kann, zum einen aus Solidarität mit dem Bündnis, zum anderen aufgrund der Verantwortung, die man mit dem Kriegseintritt gegenüber den Afghanen übernommen hat. Nur weil die regierende Politik sich dieser Mühe nicht wirklich unterzog und unterzieht, konnte die moralisierende Politik von Margot Käßmann ein solcher Publikumserfolg werden.

Ein zweites Beispiel. Es vollzog sich gewissermaßen am anderen Ende der Pazifismus-Bellizismus-Skala. Bundespräsident Horst Köhler sagte 2010 in einem Radio-Interview, selbst Wirtschaftskriege könnten legitim sein, also der Einsatz der Bundeswehr, um Instabilitäten zu beseitigen, die sich bei uns «negativ auf Arbeitsplätze und Einkommen» auswirken könnten. Kurzum: militärische Interventionen für deutsche Arbeitsplätze. Daraufhin erhob sich ein kleiner Sturm der Entrüstung, von dem sich wegpusten zu lassen der Bundespräsident sich bald entschloss und flugs zurücktrat. Er fühlte sich ungebührlich und ungerecht angegriffen, zumal die Bundeswehr am Horn von Afrika doch schon präsent sei und ihren Beitrag zur Bekämpfung von Piraten leiste. Was hatte er sich bloß dabei gedacht? Wirtschaftskriege sind heutzutage in aller Regel ökonomisch unsinnig, jedenfalls schwerlich begründbar im Sinne eines gerechten Krieges. Und ausgerechnet den Deutschen, die ohnehin größte Schwierigkeiten mit jeder Art Krieg haben, mit solchen Argumenten zu kommen: Das ist für einen Bundespräsidenten schon mehr als merkwürdig. Außerdem ganz unnötig, denn der Einsatz der Bundeswehr gegen somalische Piraten ist keineswegs ein Wirtschaftskrieg, er ist überhaupt kein Krieg, sondern ein internationaler Polizeieinsatz reinsten

Wassers; er findet lediglich an einem Ort der Welt statt, an dem es unglücklicherweise keine reguläre Polizei gibt, weswegen die Polizei äußerlich wie das Militär aussieht. In diesem Punkt das gesamte Arsenal des gerechten oder ungerechten Krieges aufzurufen, ist folglich falsch, auch deshalb, weil das Risiko für die Soldaten nicht höher ist als das von Polizisten, die ein Spiel der dritten Fußball-Liga bewachen müssen. Horst Köhler hat offenkundig die Kategorien durcheinandergeworfen. Das ist noch kein Grund zurückzutreten. Aber ein bedenkliches Indiz für die intellektuelle Ausstattung der deutschen Politik in Kriegsfragen ist es schon.

In die Phase der Verlotterung gehört ohne Frage auch die Art und Weise, wie die schwarz-gelbe Koalition in die Abschaffung der Wehrpflicht gestolpert ist. Angestanden hätte das Thema schon länger: zum einen, weil die Wehrgerechtigkeit seit vielen Jahren grotesk verletzt worden ist, da von jedem Jahrgang nur noch eine Minderheit eingezogen wurde; zum anderen, weil eine weltweit agierende Armee hochspezialisierte Profis braucht und keine schnell angelernten Wehrpflichtigen. Beides drängte, doch keines der beiden Motive führte zur Reform. Die wurde vielmehr erst durch den Sparzwang angestoßen, also genau durch den falschen Impuls.

Unabhängig davon lässt sich feststellen: Die Abschaffung der Wehrpflicht wird zunächst einmal die Entfremdung der Bevölkerung von der Bundeswehr verstärken, die dann in den Familien kein Alltagsthema mehr sein wird. Die weißesten Jahrgänge kommen also erst noch. Eine neue Alltagsferne der Soldaten wird entstehen, die bedeutet, dass das Thema Krieg künftig nur mehr über die Politik an die Menschen herangetragen werden wird. Oder besser: würde; sollte; müsste. Denn seit Jahren tut die Politik das eben nicht mehr.

Der Mehrheit ihren Frieden, der Rüstungs-industrie ihren Profit!?

So also lautet die aktuelle Anamnese zum Thema «Die Deutschen und der Krieg»: Seit acht Jahren gibt es keine ernstzunehmende Debatte mehr. Die konservative Partei fühlt sich nicht mehr zuständig, die Regierung auch nicht, die Kanzlerin fällt strategische Entscheidungen ohne strategische Diskussionen, das Bündnis verpflichtet nicht mehr, das Grundgesetz wurde nie geändert und lässt uns daher im Stich, das Völkerrecht setzt keine klaren Grenzen, die Bundeswehr findet im Alltag nicht statt, ihr Etat wird gekürzt, und die schwarz-gelbe Koalition produziert innerhalb von nur zwei Jahren drei Verteidigungsminister. Wenn die derzeit herrschende deutsche Doktrin offen ausgesprochen würde, so müsste sie heißen: Lasst uns mit dem Thema Krieg gefälligst in Ruhe, und zwar so, dass wir nicht mal merken, dass wir damit in Ruhe gelassen werden!

Alles in allem: Deutschland ist dabei, sich dem Thema

Krieg umfassend zu entfremden, es entwickelt auf diesem Gebiet eine Art Analphabetismus. Nicht zu verwechseln mit: Pazifismus. Ein Land von der Größe und Macht Deutschlands, ein Land mit einer Geschichte wie der deutschen kann nicht pazifistisch sein, so groß die Kriegsfremdheit auch noch werden mag. Insofern passte es ins Bild, dass die Bundesregierung wenige Wochen nach ihrem Nein zum Libyen-Einsatz dennoch die Lieferung von 200 Leopard-Panzern an Saudi-Arabien genehmigte – natürlich im Geheimen. Und als die Sache dann doch öffentlich wurde, wurde eine inhaltliche Debatte auch hier verweigert. Dabei hätte man gern gewusst, ob die Entscheidung als Signal an die arabische Rebellion gedacht war, besser nicht auf die Deutschen zu setzen, weil man in Deutschland nun einmal lieber diktatorische Regime stabilisiert. Man hätte auch gern erfahren, ob die Regierung ihre Kampfflugzeuge und deren Reichweite bei dieser Sache im Kopf hatte, denn erfahrungsgemäß muss man irgendwann die Waffen selbst wieder zerstören, die man in eine Krisenregion geliefert hat. Doch diese und andere Fragen wurden nicht beantwortet. Stattdessen setzte die Bundeskanzlerin ein weiteres Zeichen, als sie kurz nach dem Panzer-Deal bekanntgab, auch die angolanische Regierung würde künftig mit deutschen Waffen unterstützt.

Sieht so das schöne neue Deutschland aus? Unsere Soldaten schicken wir möglichst nirgends mehr hin, unsere Waffen möglichst überallhin! Der Mehrheit den Pazifismus, der Rüstungsindustrie den Profit! Ist das noch ökologisch, sanft, kultiviert, ganzheitlich, verantwortlich, emanzipiert und nachhaltig?

Und doch: So wird es nicht ewig weitergehen. In dieser Bigotterie, in diesem Gemurmel wird das Land nicht lange verweilen, die Umstände werden das nicht zulassen. Vielleicht wird es der neue Verteidigungsminister Thomas de Maizière sein, der die Debatte aufbricht, oder die Kanzlerin wird sich unter dem Druck eines neuen Koalitionspartners besinnen und zu neuer Klarheit finden, oder die Medien, unzufrieden mit der Non-Debatte, werden Anstöße geben, die aufgegriffen werden, oder die europäischen Nachbarn werden sich rühren. Womöglich auch die Migranten. Jedenfalls ist, was wir zurzeit erleben, auch nur eine Phase. Und je schneller sie vorübergeht, desto besser.

Schmidt und ich

Helmut Schmidt ist den Deutschen immer mit einiger Härte und großer Konsequenz gegenübergetreten, als ihr «oberster Angestellter», wie er selbst einmal gesagt hat, aber eben auch als ihr strenger Erzieher. Es mutet äußerst seltsam an, dass gegenwärtig ausgerechnet er, durch seine Haltung dem Krieg gegenüber, unversehens beiträgt zu unserem Verwöhntheitspazifismus. Genauso merkwürdig kommt es mir vor, dass gerade ich als Kriegsdienstverweigerer und ehemaliger Friedensbewegter die gegensätzliche Position vertrete. Am allermeisten irritiert mich, wie nah ich mich Schmidt in diesen Diskussionen neuerdings fühle, näher als je zuvor. Wie geht das zusammen? Vielleicht so: Helmut Schmidt ist in Sachen Krieg und Frieden für mich nach wie vor der entscheidende Maßstab, und so bin ich glücklich, mich an ihm abkämpfen zu können, jeden Freitag um zwölf Uhr. Aber messen, messen muss man schon selber. Ich weiß nicht, wie er über diese Frage denkt, und so direkt würde ich ihn auch nie danach fragen. Doch hat er mir erlaubt, einen kleinen Dialog zwischen uns zu veröffentlichen, den wir irgendwann im März in der Freitagskonferenz führten. Der zweiundneunzigjährige Schmidt, der mittlerweile im Rollstuhl zu unseren Sitzungen kommt, schloss sein engagiertes Plädoyer gegen den Libyen-Krieg folgendermaßen:

«Niemand weiß, wie dieser Krieg in Libyen ausgeht.»

«Aber Herr Schmidt, das, wovon wir nicht wissen, wie es ausgeht, das nennt man das Leben.»

«Vom Leben weiß man zumindest, dass es ausgeht.»

«Da bin ich mir nicht bei jedem in dieser Runde ganz sicher.»

«Diese Bemerkung, Herr Ulrich, betrachte ich als Schmeichelei.»

BIBLIOGRAPHIE

CLAUSEWITZ, CARL VON: *Vom Kriege.* Ullstein Taschenbuch (1998).

DALLAIRE, ROMÉO: *Handschlag mit dem Teufel. Die Mitschuld der Weltgemeinschaft am Völkermord in Ruanda.* Verlag zu Klampen (2008).

FISCHER, JOSCHKA: *I'm not convinced. Der Irak-Krieg und die rot-grünen Jahre.* Kiepenheuer und Witsch Verlag (2010).

FUKUYAMA, FRANCIS: *Das Ende der Geschichte. Wo stehen wir?* Kindler Verlag (1992).

HANKEL, GERD: *Das Tötungsverbot im Krieg. Ein Interventionsversuch.* Hamburger Edition (2011).

HUNTINGTON, SAMUEL P.: *Kampf der Kulturen. Die Neugestaltung der Weltpolitik im 21. Jahrhundert.* Europaverlag (1996).

KAGAN, ROBERT: *Macht und Ohnmacht. Amerika und Europa in der neuen Weltordnung.* Siedler Verlag (2003).

KAGAN, ROBERT: *Die Demokratie und ihre Feinde. Wer gestaltet die neue Weltordnung?* Siedler Verlag (2008).

KANT, IMMANUEL: *Zum ewigen Frieden. Ein philosophischer Entwurf.* Reclam (1986).

KISSINGER, HENRY: *The End of NATO as We Know It? The Washington Post,* 15. August 1999.

KISSINGER, HENRY: *Über Afghanistan hinaus. Die Welt,* 9. November 2001.

LEE, HERMIONE: *Virginia Woolf. Ein Leben.* Fischer (1999).

MERKEL, ANGELA: *Schroeder doesn't speak for all Germans. Washington Post,* 20. Februar 2003.

MÜNKLER, HERFRIED: *Kriege im 21. Jahrhundert.* In: Erich Reiter (Hrsg.): *Jahrbuch für internationale Sicherheitspolitik 2003.* Verlag E. S. Mittler & Sohn (2003), S. 83–97.

NAUMANN, KLAUS: *Kosovo – Modell für die Zukunft?* In: Erich Reiter (Hrsg.): *Der Krieg um das Kosovo 1998 / 99.* V. Hase und Köhler Verlag (2000), S. 23–28.

SOMMER, THEO: *Unser Schmidt. Der Publizist und Staatsmann.* Hoffmann und Campe (2010).

TÖNNIES, SIBYLLE: *Die Menschenrechtsidee. Ein abendländisches Exportgut.* Vs Verlag (2011).

WALZER, MICHAEL: *Just and Unjust Wars. A Moral Argument With Historical Illustrations.* Basic Books (2006).

DANKSAGUNG

Bei der ZEIT wird von Artikeln gern gesagt, sie seien zusammengequatscht. Das ist eine selbstironische Umschreibung für die Bedeutung, die Konferenzen und Flurgespräche für unsere Arbeit haben. In diesem Sinn ist auch dieses Buch hochgradig zusammengequatscht, viele haben dazu beigetragen, besonders aber die Freitagskonferenz unserer Zeitung, deren Teilnehmern ich hier zuerst danken möchte. Sodann meiner Frau, Ursula Engel, die das erste, das schwerste Lesen übernommen hat. Jan Ross trug mit seiner messerscharfen Heiterkeit viel zu diesem Buch bei. Matthias Geis konnte sich wie immer besser und aufrichtiger an das erinnern, was ich mal gesagt und gemacht habe, als ich selbst, aber auch an das, was wir zusammen in der Politik erlebt haben. Andrea Böhm, die als Reporterin auf dem Balkan und in Afrika schon so viele Kriegsfolgen gesehen hat, konnte mir einige peinliche Fehlurteile ersparen. Giovanni di Lorenzos und Axel Hackes Buch über Werte hat mich auf die Idee gebracht, dass auch und gerade ein Buch über Krieg von der eigenen Lebens- und Irrtumsgeschichte handeln muss.

Moritz Müller-Wirth hatte am Anfang noch mehr Enthusiasmus für das Buch als ich, ich habe dann aber aufgeholt. Bibi Tegzess ließ mich mit ihrem holländischen Blick über meine allzu deutschen Denkgewohnheiten lachen, einiges habe ich dann natürlich rausgestrichen. Von Luisa Seeling bekam ich wissenschaftliche Unterstützung, zudem hat sie redigiert, recherchiert und Geduld mit mir gehabt. Frauke Ahlborn las in der ihr eigenen Präzision binnen dreieinhalb Stunden das Manuskript und gab mir damit das Vertrauen, dass es ein Durchlesebuch werden könnte. Ihnen allen möchte ich von Herzen danken. Nicht zuletzt Alexander Fest, für den ein Buch zu schreiben eine ausgesprochen freudige und schöne Sache ist, außerdem hat er meinem Text Ruhe und Atem gegeben.

Das für dieses Buch verwendete FSC®-zertifizierte Papier
Munkenprint Cream liefert Arctic Paper Munkedals, Schweden.